秘传罗汉十八手

余省威 著

北京体育大学出版社

策划编辑：吴海燕
责任编辑：吴海燕
责任校对：王泓滢
版式设计：高文函

图书在版编目（CIP）数据

秘传罗汉十八手 / 余省威著 . -- 北京：北京体育大学出版社，2023.2
ISBN 978-7-5644-3736-7

Ⅰ . ①秘… Ⅱ . ①余… Ⅲ . ①少林拳—套路（武术）Ⅳ . ① G852.151.9

中国版本图书馆 CIP 数据核字 (2022) 第 179705 号

秘传罗汉十八手
MICHUAN LUOHAN SHIBASHOU
余省威　著

出版发行：北京体育大学出版社
址　　址：北京市海淀区农大南路 1 号院 2 号楼 2 层办公 B-212
邮　　编：100084
网　　址：http: //cbs.bsu.edu.cn
发 行 部：010-62989320
邮 购 部：北京体育大学出版社读者服务部 010-62989432
印　　刷：三河市龙大印装有限公司
开　　本：710mm × 1000mm　1/16
成品尺寸：170mm × 240mm
印　　张：14
字　　数：202 千字
版　　次：2023 年 2 月第 1 版
印　　次：2023 年 2 月第 1 次印刷
定　　价：42.00 元

作者简介

余省威，自幼习武，涉猎广泛。硕士研究生学历，现任郑州大学体育学院武术系技击教研室主任，研究方向为传统武术与自由搏击。参编教材3部，经常在武术杂志发表文章，著述颇丰。

罗汉拳法十八手，参照罗汉造型，结合武术招式，寓意技击攻防。一尊罗汉为一手，全套共十八手，技法丰富，招数独特，变化多端，衔接巧妙。

罗汉技击十八手，注重打法，配合擒摔；长使拳脚，短用肘膝；变化多端，令敌难防；实用高效，威力强大。临敌时，可见机突进，一阵连击；可防上攻下，防下攻上；可退转闪躲，寻机反击。

罗汉擒拿十八手，注重擒拿，分筋错骨，招法精湛，是罗汉门的秘传绝技。擒拿手，是以抓叼、锁扣、缠拧、挤靠、捋按、压砸、弹抖等手法，专门攻击敌方关节。

罗汉打穴十八手，罗汉门惯用绝招，技法精湛，出手不凡；针对敌身十八穴，见机击点，令敌胆寒。少林武僧受针灸与按摩的启发，将人体穴位列入专门攻击目标，结合武术攻防，形成了打穴绝技。

罗汉摔跌十八手，俗称“沾衣十八跌”。其爪法抓拧盘转，其肘法砸压截拦，其腿法勾挑绞绊，堪称绝技。

罗汉秘功十八手，罗汉门秘传动功，造型独特，富具变化，功效显著。经常练习，可舒经通络，康脏健腑；可除疲祛滞，提神醒脑；可强筋壮骨，益气增力。此功以动为主，以动练力；徐缓柔韧，顺中含劲。

目录

第一章 罗汉拳法十八手

第二章 罗汉技击十八手

第三章　罗汉擒拿十八手

第四章　罗汉打穴十八手

第五章　罗汉摔跌十八手

第六章　罗汉秘功十八手

第一章
罗汉拳法十八手

罗汉拳十八手，是罗汉拳师参照罗汉造型，结合武术招式，寓意技击攻防，创编而成。

一尊罗汉为一手，全套共十八手，技法丰富，招数独特，变化多端，衔接巧妙。

“十八罗汉”来自佛教，有很多神奇的传说。他们分别是：坐鹿罗汉、欢喜罗汉、举钵罗汉、托塔罗汉、静坐罗汉、过江罗汉、骑象罗汉、笑狮罗汉、开心罗汉、探手罗汉、沉思罗汉、挖耳罗汉、布袋罗汉、芭蕉罗汉、长眉罗汉、看门罗汉、降龙罗汉、伏虎罗汉。罗汉融武，妙趣横生。

一

第一手　坐鹿罗汉之盘根亮翅式

【练法分解】

1. 两脚并步，正身直立；两掌垂于体侧，头平颈直；呼吸自然。目视前方。（图1–1）

2. 左脚横开一步，两脚间距略宽于两肩；同时，两掌向外、向上画弧合拢，掌尖相并，掌心紧合，掌尖约与鼻尖相平，肘臂平肩。（图1–2）

图1–1

图1–2

3. 身体重心移于左腿，右腿屈膝提起，成左独立步；同时，右掌成勾手向头顶前上方提举，勾尖向下；左掌握空心拳置于左胯外侧，拳心向后，拳面向下。目视右手。（图1–3）

4. 左腿屈膝下蹲，右脚落向左腿后方，成左歇步，上体左转；同时，右手变拳向左下方插出，停于左膝外侧，拳心向里，拳眼斜向上，拳面斜向下；左掌按于右上臂内侧，掌尖向上。目视左下方。（图1–4）

图1–3

图1–4

5.歇步不变；上体右转，两掌（右拳变掌）向左右斜分，右上左下，右掌约与头平，掌心向右；左掌约与胯平，掌心向后，掌尖向下。目视右前方。（图1–5）

6. 动作不停，右臂屈肘，右掌弧形盖向胸前，屈指半握拳，拳心向下；同时，左掌内收于胸前，掌心对右拳背，掌尖向右斜上方，形如抱拳。目视左下方。（图1–6）

图1–5

图1–6

7. 两腿稍起，左转体约90°，右脚经左脚前向左画弧约360°，落于左脚前方，将左膝插至右小腿下，成右歇步；同时，右拳变掌，按贴于左手背上，两臂成环状，两掌心向下，掌棱向前，高与胸平。目视两掌。（图1–7）

8. 动作不停，上体略向左倾；同时，两掌向左右分展，右高左低，右掌约与顶平，左掌约与肩平，两掌尖斜向上，掌心向外，肘臂略屈。目视右掌。（图1–8）

图1–7

图1–8

二

第二手　欢喜罗汉之孔雀开屏式

【练法分解】

1. 向左转身，右腿伸膝，左腿屈膝提起，脚尖下垂；同时，右掌转腕，向上托举，高于头顶，掌心向外，掌尖斜向左；左掌向前插出，高与肩平，掌心向下。目视左掌。（图1–9）

图1–9

2. 左脚向右脚后方落步，右转身，两腿交叉，左脚在前，右脚在后；同时，两掌在头顶上方交叉，右掌在后，左掌在前。目视前方。（图1–10）

3. 动作不停，两掌向左右缓缓分开，坐腕竖掌，掌心向外，两腕约与肩平，臂呈弧状，肘尖下垂。目视前方。（图1–11）

图1–10

图1–11

三

第三手　举钵罗汉之仙鹤独立式

【练法分解】

1.左脚向右、向上、向左画弧，屈膝提起，右腿伸膝独立；同时，两掌向右下画弧，收抱于右腹前，右掌心托住左掌背。目视前方。（图1–12）

2. 左脚向左前方落步，右腿屈膝深蹲，左腿伸直成左仆步；同时，上体左转，右掌变拳斜伸于右侧下方，略低于右膝，拳心向下；左掌随转身向左膝前画弧削击，掌心向下，掌棱向左。目视左下方。（图1–13）

图1–12

图1–13

3. 身体重心移于右腿，左腿抬起于右脚内侧“震脚”，两腿屈膝半蹲成并步；同时，右拳变掌，收于右肋侧，掌心向上；左掌以掌棱向前推出，指尖约与鼻平。目视左掌。（图1–14）

4. 左腿伸膝独立，身体带动右腿屈膝提起，脚尖向下；右掌变拳随起身向前摆击，拳眼向上，拳心向里，约与眼平，臂成半弧；左掌附于右臂内侧，掌尖向上。目视右拳。（图1–15）

图1–14

图1–15

四

第四手　托塔罗汉之朝山拜佛式

【练法分解】

1. 右脚向左脚内侧落地，与左脚成小开步，半蹲；同时，左掌变拳与右拳一起向前下插，双拳交叉，约与膝平，左拳在下，右拳在上，拳心均向下，上体略前俯。目视两拳。（图1–16）

2.两腿伸膝，并步正立；同时，交叉两拳随立身一起向前上举架，约与额平。目视双拳。（图1–17）

3.重心移于右腿，左腿蹬地而起，向上顶膝，脚尖向前，上体略后仰；同时，右拳变掌，收按于右胯外侧；左拳变掌，上架于头额前上方，掌心向上。目视前上方。（图1–18）

图1–16

图1–17

图1-18

第五手　静坐罗汉之古树盘根式

【练法分解】

1. 左脚下落于右脚后，右脚里扣，上体左转，随之两腿屈膝下蹲并步；同时，左掌随转体向下插击于两膝前下方，掌背向前；右掌左划，护于左肘内侧，掌尖斜向上，上体略前倾。目视左掌。（图1-19）

2. 右脚外展，左脚跟提起，脚尖点地成左丁步；同时，两掌左右分开，向上画弧，于胸前合十，掌尖约与嘴平。目视掌尖。（图1-20）

3. 右脚向左脚外侧盖步，两腿交叉下蹲成右歇步；同时，左拳收于腋下，拳心向上；右掌变拳，向右崩出，拳眼向上，高与肩平。目视右拳。（图1-21）

4. 右脚向右横开一步，左脚跟落地，左转体约270°，两腿屈膝半蹲成马步；同时，左拳变掌，竖立于右腮前，掌心向右；右拳变掌左移，护于左肘下，掌心向上。目视左前方。（图1-22）

图1-19

图1-20

图1-21

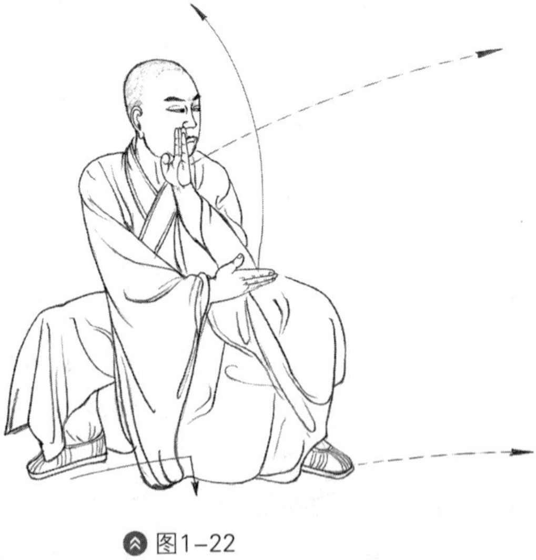

图1-22

第六手　过江罗汉之通臂挑竿式

六

【练法分解】

1. 身体起立，右脚前进半步震脚，左脚随之向左迈出一步，左转体成左弓步；同时，左掌向前方推出，掌尖向上，腕与肩平，掌棱向前；右掌亮掌于额前，掌棱向上，掌尖向左。目视左掌。（图1-23）

2. 左脚前移，上体前探；同时，左掌发力上推，掌尖向上，高与额平，掌棱向前；右掌下划，护于左腕内侧。目视左掌。（图1-24）

图1-23

图1-24

3. 右脚上于左脚内侧，并步立身；同时，两掌随起身向前上挑，掌心相对，掌尖斜向上，约与眼鼻平。目视双掌。（图1–25）

4. 两腿屈膝，并步下蹲；同时，两掌随蹲身屈肘下收，左掌高与鼻平，右掌护于左腕内侧。目视前斜上方。（图1–26）

5. 两腿力蹬，伸膝立身；同时，两掌向前上挑出，虎口向上，掌尖向前斜上方，左掌在前约与眼平，右掌在后护于左腕内侧。目视左掌。（图1–27）

图1–25

图1–26

图1-27

第七手　骑象罗汉之插刀开弓式

七

【练法分解】

1. 右脚向后退一大步，上体右转，两腿屈膝半蹲成马步；同时，右掌翻掌架于额前上方，掌棱向上，掌尖向左；左掌沿胸前下按，护于裆前，掌心向下，掌尖向右。目视前下方。（图1-28）

2. 向下深蹲；同时，左掌下插近地，掌心向右；右掌托架不变。目视左掌。（图1-29）

3. 身稍上起；同时，右掌变拳下旋，左掌变拳上翻，两拳横于胸前，拳面相对。目视前方。（图1-30）

4. 上体略左转，左拳向左翻拳砸出，约与眉平，拳面向上，拳心向后，肘部略屈；右拳护于左胸前，拳心向下。目视左拳。（图1-31）

图1-28

图1-29

图1-30

图1-31

5. 重心移于左腿，右腿蹬伸成左弓步；同时，左臂屈肘向左斜上方拉顶，左拳变掌置于头额左侧，虎口向下，掌心向外；右拳变掌向右斜下方撑出，虎口向下，掌心向右。目视右掌。（图1–32）

图1–32

第八手　笑狮罗汉之探海撩掌式

【练法分解】

1. 重心下移，左腿屈膝全蹲，右腿伸膝下仆，成右仆步；同时，左臂屈肘，左掌下按于左肩斜前方，虎口向下，掌心向外，掌尖向右斜前方；右掌内收下按于左肋前，掌尖向左斜上方，掌心向左。目视右脚尖。（图1–33）

2. 重心右移，左腿蹬伸成右弓步；同时，左掌上架于额前上方，掌棱向上，掌尖向左；右掌向前撩于右膝前，掌心向前，掌尖向下。目视前下方。（图1–34）

图1–33

图1–34

3. 右脚后移半步，左膝沉跪，脚跟悬起，前脚掌撑地，成右跪步；同时，右掌上旋架于头额前方，掌心向前，掌棱向上；左掌向外、向下画弧，向前撩掌于右膝前方，掌心向前，掌尖向下。目视左下方。（图1–35）

4. 左脚向前跨出一步，随即上体左前倾，右脚向右外侧抬起伸腿，脚尖向后，约与地面平行；同时，左掌变拳下崩，拳面斜向下；右掌前探，虎口向下。目视前下方。（图1–36）

图1-35

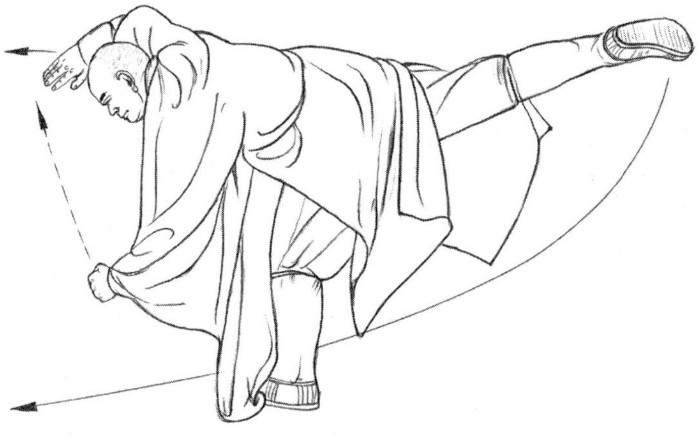

图1-36

九

第九手　开心罗汉之大开天门式

【练法分解】

1. 右脚向前方落步，左腿蹬伸，成右弓步；同时，上身前探，右掌向前劈出，高与额平，掌尖向上，掌棱向前；左拳变掌，上托于右前臂下方，掌尖向前，虎口向上。目视右前方。（图1–37）

2. 上体左转，右脚内收半步，两腿屈膝半蹲成马步；同时，两掌分开向左右画弧上举于两肩上方，臂成环形，掌尖相对，掌心向下。目视前上方。（图1–38）

3. 右脚向右移步，重心移于右腿，左腿伸膝成横裆步；同时，两掌向下、向外画弧，分臂展开，右掌略高于肩，左掌略低于肩，两掌尖斜向上。目视左斜前方。（图1–39）

图1–37

图1–38

图1–39

4. 重心移于左腿，右腿屈膝向前提顶，膝头约与腹平，脚尖向前斜下方，成左独立式；同时，两臂向外展开，肘部略屈，坐腕竖掌，掌心向外，指尖向上，约与耳平。目视前方。（图1–40）

5. 右脚向前方弧形落步，上体左转，重心移于左腿，成右半马步；同时，左臂屈肘，左掌握拳，向左侧收；右掌变拳向右前方崩出，约与腰平，拳眼向上，拳面向右。目视右拳。（图1–41）

图1–40

图1–41

十

第十手　探手罗汉之月宫摘桂式

【练法分解】

1. 右脚收于左脚后方，左脚随即上进一步，屈膝下蹲，成左虚步；同时，上体前俯，两拳变掌，前探于左脚上方，掌尖斜相对。目视双掌。（图1–42）

2. 重心移于左腿，右脚前移于左脚内侧，随即伸膝立身，左腿屈膝提起，成右独立步；同时，右掌向前插出，高与肩平，掌心向下，上体略前倾；左掌右收，护于右肘下方外侧，掌心向外，掌尖向上。目视右掌。（图1–43）

图1–42

图1–43

3. 独立步不变，左脚后收，屈膝收于右腿后方，上体略前探；同时，左掌向前穿出，约与鼻平，掌心向上，掌尖向前，左臂略屈；右掌收护于左前臂内侧，掌心向上，掌尖向前。目视左掌。（图1–44）

4. 左脚落步，右脚向前跨出一步，左腿蹬伸，成右弓步；同时，上体前倾，右掌向前劈插，虎口向上，掌尖向斜前上方，约与眼平；左掌前按，护于右前臂下方，掌尖向斜前上方，掌棱向下。目视右掌。（图1–45）

图1–44

图1–45

5. 上体左转，重心移于左腿，右腿蹬伸，成左横裆步；同时，左臂屈肘收向左斜上方，肘尖约与顶平，左掌置于左肩前，掌心向下；右掌向左、向下经胸前向右下画弧反撩，约与胯平，掌心向后，掌尖向下。目视右掌。（图1–46）

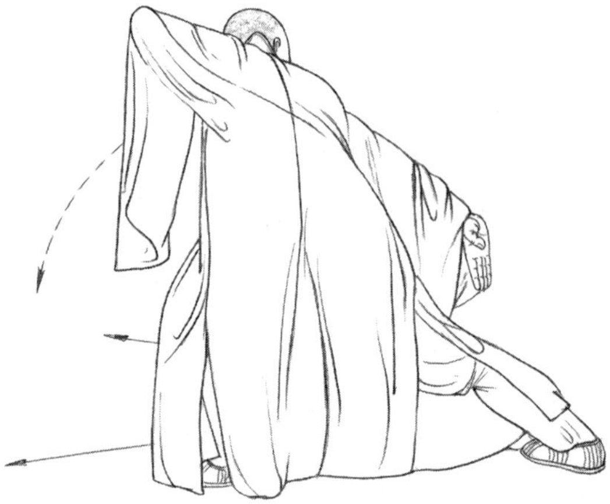

图1–46

十一

第十一手　沉思罗汉之观经作揖式

【练法分解】

1. 向左转体，右脚向左前方上一步，脚尖点于左脚前，左腿屈膝，成右虚步；同时，右掌随转身画弧至右膝前上方，掌心向下，掌尖向左；左掌下按至右掌前上方，约与腹平。目视右掌。（图1–47）

2. 右脚内收一步，重心落于右腿，左脚轻轻提起，向右脚靠拢，缓缓落地，并步正身直立；同时，右掌变拳，捧于心窝；左臂屈肘，左掌心贴于右拳面。目视前下方。（图1–48）

3. 两腿屈膝，并步半蹲；其余姿势不变。（图1–49）

图1-47

图1-48

图1-49

4. 重心移到右腿，左腿屈膝提起，约与裆平，成右独立步；同时，左掌变拳向前顶于左膝前方，拳心向上；右掌下按，护于左腕后上方，掌心向下，掌尖向前，上体略前俯。目视左拳。（图1–50）

5. 右脚尖内扣，上体左旋，右腿独立不变，左膝上升至与腹平，脚掌收向右膝内侧，作护裆之势；同时，左拳变掌向前上穿，约与喉平，肘部屈垂，掌心向上，掌尖向前斜上方；右掌护于左肘内侧，掌心向下。目视左掌。（图1–51）

图1–50

图1–51

6. 左脚向前落步，两腿伸直，两脚成不丁不八式；同时，上体略左旋，右掌收至腰侧，掌心向上，掌尖斜向左；左掌向前穿出，高与肩平，掌心向上，掌尖向前。目视左掌。（图1–52）

图1–52

第十二手 挖耳罗汉之黄莺啄蝉式

十二

【练法分解】

1. 左脚前移，右脚尖外展，左腿蹬伸，右腿屈膝成右横裆步；同时，左掌下划斜插于左侧后方，约与腰平，虎口向上，掌尖向左；右掌护于左腋前下方，掌心向下，掌尖向左。目视左掌。（图1–53）

2. 上体右转，成右弓步；同时，左掌向右经胸前画弧至右前方，抓握成拳，拳眼向上，约与鼻平，左臂伸直；右掌护于左肘下方外侧，掌尖向上，掌心向外。目视左拳。（图1–54）

图1-53

图1-54

3. 左拳撮指成勾手，腕约与眉平，勾尖向下；同时，右掌下落，护于左上臂下方，掌心向下。目视左勾手。（图1–55）

图1–55

4. 左脚向前上进一大步，右腿蹬伸，成左弓步；同时，左勾手向前下方啄点，腕约与眼平，勾尖向下；右掌护于左前臂下方，掌尖向斜前上方，掌心向外。目视左勾手。（图1–56）

5. 左勾手向左下后侧甩出，置于腰后，勾尖向上；同时，头部右转，右掌立起，护于左胸前方，掌尖向上，掌心向左；左弓步不变。目视右侧斜前方。（图1–57）

图1–56

图1–57

第十三手 布袋罗汉之投井捞月式

十三

【练法分解】

1. 上体左旋，左脚向后撤退一大步，重心随之移于左腿，右腿蹬伸，上体后仰；同时，两掌变拳相并，屈臂上提于面前，拳心对鼻。目视双拳。（图1–58）

2. 向前俯身，双拳变掌，下按于右脚前上方，掌尖相对；同时，两腿膝关节挺直。目视双掌。（图1–59）

图1–58

图1–59

3. 左脚上于右脚内侧，两脚并步，屈膝半蹲；同时，两掌变拳前撞，约与膝平，左拳压于右拳背上，上体略前倾。目视两拳。（图1–60）

4. 身体起立，上体左旋；同时，右拳上举，约与额平，拳心向外，拳面向左；左拳下垂于左胯外侧，拳心向后，拳面向下。目视左前方。（图1–61）

图1–60

图1–61

第十四手 芭蕉罗汉之搓掌摇扇式

十四

【练法分解】

1. 右脚向右前方跨出一步，右腿屈膝，左腿蹬伸成右弓步；同时，左拳变掌向左上方搓出，腕约与肩平，掌棱向左，掌尖向左斜上方；右拳变掌，横于右肩前，掌心向外，虎口向下。目视左掌。（图1–62）

图1–62

2. 上体左旋，右脚收于左脚内侧，两脚并步，两膝微屈；同时，右掌向前搓出，掌心向下，约与眼平；左掌收护于右上臂内侧，指尖向上，掌心向右。目视右掌。（图1–63）

3. 上体右转，右腿屈膝，左腿向左后方伸出；同时，两掌向前下方划出，右掌约与鼻平，左掌护于右前臂内侧下方。目视右下方。（图1–64）

图1-63

图1-64

4. 上体左转，重心左移，右腿蹬伸，成左弓步；同时，左掌向左前方推出，掌棱向前，掌尖向上，约与眼平；右掌左划下按于左肘下方，掌尖向左，掌心向下。目视左掌。（图1–65）

图1–65

第十五手 长眉罗汉之独立擎天式

十五

【练法分解】

1. 右脚向左腿后侧插步，两腿交叉；同时，两掌于胸前画弧交叉，继向左右分开，掌尖向上，掌棱向外，腕约平肩。目视左掌。（图1–66）

2. 重心移于左腿，右腿屈膝提起，前脚掌外摆，脚跟靠近左膝，成左独立步；同时，左掌握拳收回，垂于左胯外侧，拳心向下；右掌举臂上架于头额右侧，掌棱向上，掌尖向左。目视左前下方。（图1–67）

图1-66

图1-67

3. 右腿右摆，上体向左侧倾；同时，左拳从左胯侧向左侧提起，约与喉平，拳面向上；右掌变拳，向左推于头前上方，拳眼向下。目视左拳前方。（图1–68）

4. 右脚落下，两腿直立，开步站立；同时，右拳下收，经左肩过胸前下收于右腰侧，拳心向上；左拳变掌收至胸前，继向前推出，掌棱向前，掌尖向上，约与鼻平，左肘略屈。目视前方。（图1–69）

图1–68

图1–69

十六

第十六手 看门罗汉之左右推壁式

【练法分解】

1. 重心移到右腿，左腿屈膝提起，成右独立式；同时，右拳提至胸前，拳心向里，拳面向上；左拳上举过顶，拳心向后，拳面向上。目视前方。（图1–70）

2. 右腿下蹲，左脚经右腿后向右落步，屈膝下蹲成右歇步；同时，右拳向右侧崩出，略低于肩，拳眼向上，拳面向右；左拳护于右肩前，拳心向下。目视右拳。（图1–71）

3. 左脚向左横跨一步，上体左转，右腿蹬劲成左弓步；同时，两拳变掌向左前方推出，两腕约与肩平，掌心相对，掌尖向斜前上方，掌棱向前。目视双掌。（图1–72）

图1–70

4. 两腿向下屈蹲，重心移于右腿，成右半马步；同时，两掌随右转体向右前下方推出，约与腹平，上体略向右前俯，两掌心相对如抱球状。目视双掌。（图1–73）

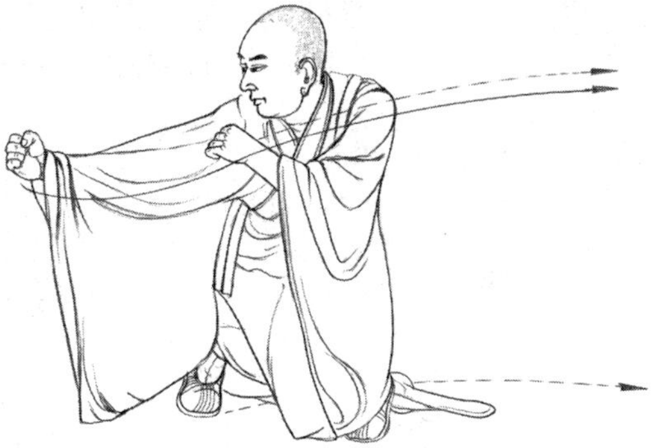

图1–71

图1–72

图1–73

十七

第十七手 降龙罗汉之推波逐浪式

【练法分解】

1. 身体重心移于右腿，左腿提膝向前弹踢，随即收回成右独立式；同时，两掌变拳向前上提起，竖于面前，拳面向上，约与眼平。目视前方。（图1–74）

2. 左脚下落于右腿后外侧，屈膝下蹲成右歇步；同时，两前臂下压，两肘左右外张，两拳面相对于右膝上方，拳心向下。目视右下。（图1–75）

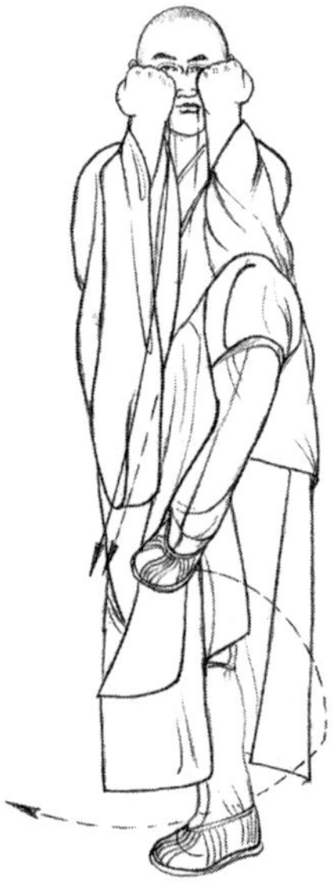

图1–74

图1–75

3. 左脚提起向左迈出一步，成左弓步；同时，两拳前移，顺左膝前崩，拳心相对，拳眼向上，上体前倾。目视双拳。（图1–76）

图1–76

第十八手 伏虎罗汉之左右逢源式

十八

【练法分解】

1. 右脚垫向左脚，左腿向前屈膝提起，成右独立步；同时，两拳变掌上翻，架臂额前，掌尖相对，掌心向前，掌棱向上。目视前下方。（图1–77）

2. 左脚向前落步，右腿蹬伸，成左弓步；同时，双掌交叉向左膝前下插，右掌在下。目视双掌。（图1–78）

3. 右脚向后画弧，经左腿后向左外侧落步，双腿交叉，屈膝下蹲成左歇步；同时，右掌向左下插，略低于胯，掌心向上，掌尖向左；左掌上移，护于右肩前，掌尖向上。目视左下方。（图1–79）

图1-77

图1-78

图1-79

4. 右掌变拳向右上收，屈肘竖臂于右肩前，拳心向里，拳面向上；同时，左掌变拳向左下屈臂横格，拳面向下，拳心向后，约与胯平；歇步不变。目视左后方。（图1–80）

5. 身体右转，重心移于右腿，屈膝下蹲，左腿向左伸，成左仆步；同时，左拳变掌，向左切击，掌棱向左，掌尖向前；右掌屈臂于右后方，掌心向后，掌尖向下，约与腰平。目视左掌。（图1–81）

图1–80

图1–81

6. 重心左移起身，上体左转，右脚向前方上进一步，左腿蹬伸，成右弓步；同时，右掌随上步向前撩至右膝前方，掌尖向下，掌心向前；左掌向前上画弧，架于额前上方，掌棱向上，掌尖向右。目视前下方。（图1–82）

7. 身向左转，两腿屈膝半蹲，成马步；同时，两掌下移至小腹前相搭，左掌心按在右掌背。目视前下方。（图1–83）

图1-82

图1-83

8. 两脚向内略收，两腿伸膝直立，成大开步；同时，两掌左右分开上抬，一字平肩，掌心向下，掌尖向外。目视前方。（图1-84）

9. 两掌向里合拢，掌心紧合，掌尖向上，约与鼻平，肘臂平肩。目视前方。（图1-85）

图1-84

图1-85

10. 放下两掌，垂于体侧；左脚内收，两脚并步，正身直立；全身放松，调匀呼吸。本拳收式。（图1–86）

图1–86

第二章
罗汉技击十八手

武谚有讲："罗汉技击十八手，学好江湖任意走。"技击十八手是罗汉门的绝招。

本章介绍的十八手，注重打法，配合擒摔；长使拳脚，短用肘膝；变化多端，令敌难防；实用高效，威力强大。

武者经常练习罗汉技击十八手，自有防身妙用。临敌时，可见机突进，一阵连击；可防上攻下，防下攻上；可退转闪躲，寻机反击。

其歌诀曰：

"一手双拳撞，二手砸脸庞。三手反背捶，四手提膝撞。五手坐断膝，六手推敌躺。七手扭其颈，八手反扫堂。九手虎撞门，十手连环强。十一扫腿硬，十二双耳伤。十三过肩摔，十四扑面掌。十五搜跟翻，十六脚搜裆。十七挟臂跌，十八摔当场。学好十八手，打人不用想。"

一

第一手　罗汉双撞拳

【实战分解】

1. 敌方右脚进步，右摆拳横扫我方头部。我方迅疾将左脚向左闪跨，向左偏身，避过敌拳锋芒。（图2-1）

2. 随即，我方右脚前滑，左脚绕步，至敌方身后；同时，两掌发力插击敌方腰部。（图2-2）

3. 动作不停，我方两掌抖劲成拳，崩撞敌方腰部，将其震跌扑出。（图2-3）

图2-1

图2-2

图2-3

第二手　罗汉把手扬

【实战分解】

1. 敌方右脚进步，两掌向我方脸部劈击。我方迅疾撤身，成右弓步，两掌向前上托敌方两肘。（图2-4）

图2-4

2. 随即，我方右脚滑步，两肘向前挑击敌方两腋。（图2-5）

3. 动作不停，我方两掌变拳前翻，用拳背砸击敌方脸部，令其向后跌出。（图2-6）

图2-5

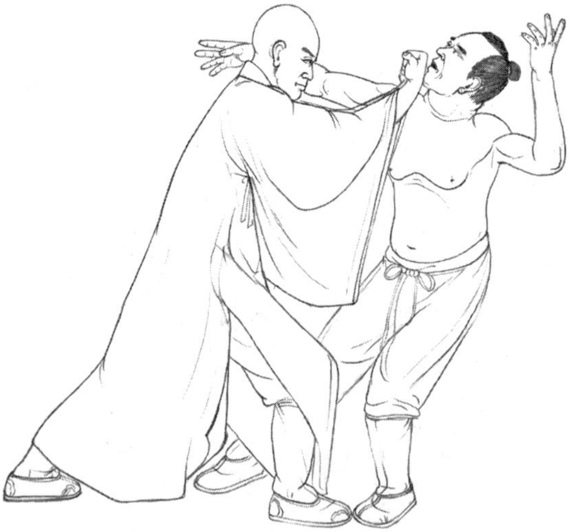

图2-6

第三手　罗汉反背捶

三

【实战分解】

1. 敌方右脚进步，右拳冲打我方脸部。我方迅疾撤步，沉身坐马成右虚步，避过敌拳攻击，右拳上提，封门防护。（图2-7）

2. 随即，我方右脚前滑；同时，右手急发反背拳，向前砸击敌方脸部。（图2-8）

图2-7

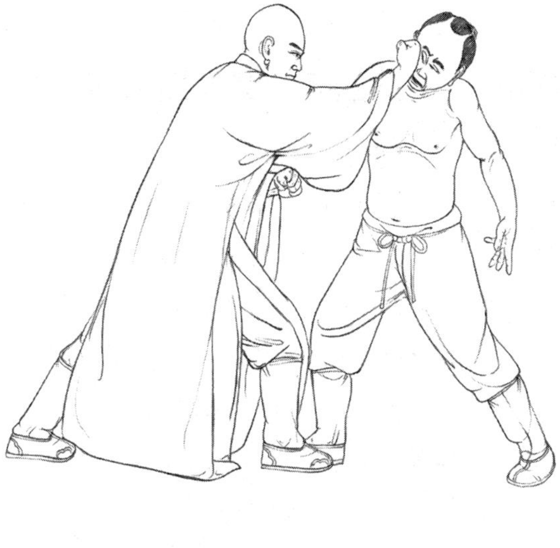

图2-8

3. 动作不停，我方左拳再发反背拳，砸击敌方脸部。两拳连环，对准敌脸，将其制伏。（图2–9）

图2–9

四

第四手　罗汉提膝撞

【实战分解】

1. 敌方右脚进步，左拳冲打我方脸部。我方向后滑步，避过敌拳，右掌顺势拍拦敌方左腕外侧。（图2–10）

2. 随即，我方左脚前滑，左掌向前上提，用左前臂外侧弹格敌方左上臂外侧，使敌身右旋。（图2–11）

3. 动作不停，我方左脚再进，两掌前插之际，右腿提膝撞击敌方软肋。（图2–12）

图2-10

图2-11

图2-12

五

第五手　罗汉坐断桥

【实战分解】

1. 敌方上步，右腿蹬击我方胸部。我方左脚迅疾撤步，右手接抓敌方右脚，左手向左上捞，用肘弯兜夹敌方右小腿。（图2-13）

2. 随即，我方左腿上抬跨过敌方右腿，向左转身骑坐敌方右膝，两手搂抱敌方右脚跟上搬，致其后躺。（图2-14）

图2-13

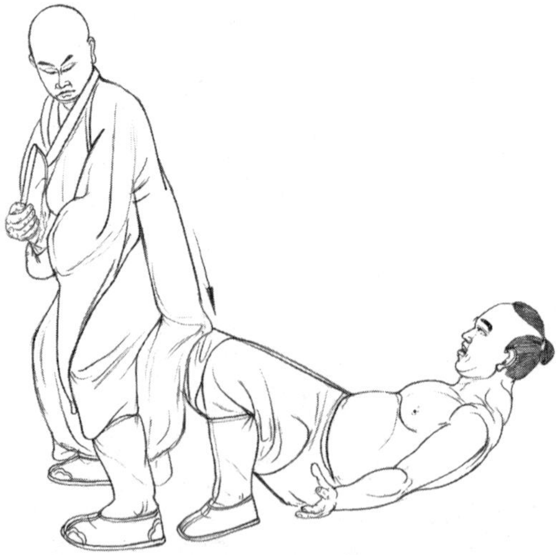

图2-14

3. 动作不停，我方两手紧抱不松，臀部继续用力下坐，制敌右膝，使其无还手之力。（图2-15）

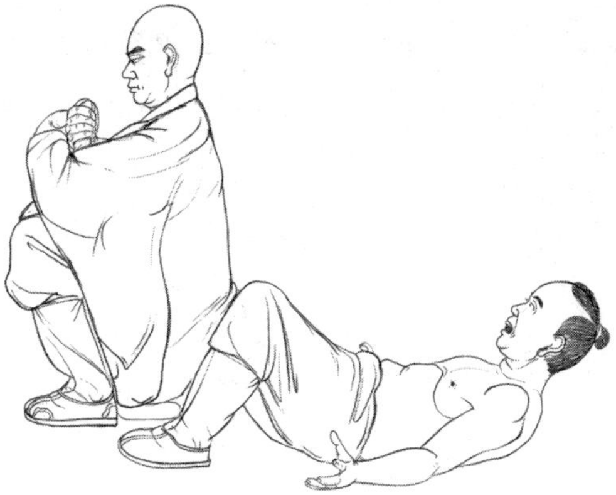

图2-15

第六手 罗汉推舟跌

六

【实战分解】

1. 敌方右脚上步，右拳冲击我方脸部。我方后撤，沉身坐马，右拳上挑，右臂向外格挡敌方右腕。（图2-16）

图2-16

2. 随即，我方右拳变爪，扣抓敌方右腕，向下旋拧；同时，左掌向前上托敌方右上臂，两手合力擒拿。（图2–17）

3. 动作不停，我方右脚插至敌方右腿后侧，右手抓紧敌腕向敌颈部折推，左手扣抓敌方右臂向左旋劲，令其跌出。（图2–18）

图2–17

图2–18

第七手 罗汉缠抱颈

七

【实战分解】

1. 敌方右脚进步，右拳崩打我方脸部。我方迅疾撤步，避过敌拳，左掌向里旋抡，拦格敌方右臂。（图2–19）

2. 随即，我方左掌贴住敌方右臂下压，右脚上步拦于敌方右脚内侧；同时，右掌从上向下画弧砍击敌方后腰，令敌前扑。（图2–20）

图2–19

图2–20

3. 动作不停，我方左脚跨过敌方左腿，右前臂缠抱敌方咽喉，左掌按压敌方后脑，俯身压制，将敌制伏。（图2-21）

图2-21

八

第八手　罗汉反扫堂

【实战分解】

1. 敌方上步，右腿弹踢我方裆部。我方向右旋身，两腿下蹲；同时，两拳下砸敌方右脚背及小腿，阻截敌方撩阴。（图2-22）

图2-22

2. 随即，我方左脚前移，起身左倾，双拳斜向撞击敌方咽喉及下巴，令敌摇晃欲跌。（图2-23）

3. 动作不停，我方右脚垫步，向左转身，左腿擦地后扫敌方左脚跟，将敌扫倒在地。（图2-24）

图2-23

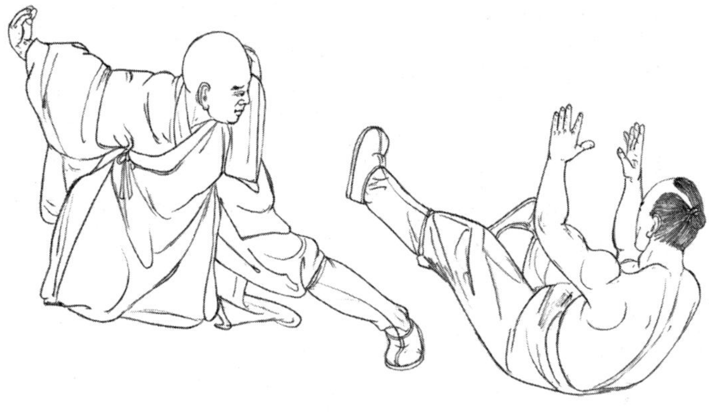

图2-24

九

第九手　罗汉虎撞门

【实战分解】

1. 我方右脚前挪，脚跟蹬地，脚尖翘起；同时，右掌劈向敌方脸部。敌方向后滑步，右掌上起，拦格我方右腕，阻截我方攻击。（图2-25）

2. 随即，我方右掌变拳回拉，左脚前跨一步，落于敌方右腿后侧，沉身坐马；同时，右拳冲击敌方心窝。（图2-26）

3. 动作不停，我方弓步上前，右拳崩出，击打敌方胸部，将其击退。（图2-27）

图2-25

图2-26

图2-27

十

第十手　罗汉连环拳

【实战分解】

1. 敌方上步，右脚勾踢我方左腿。我方左腿迅疾屈膝提起，避过敌方勾踢。（图2–28）

图2–28

2. 随即，我方趁敌收脚之际，左脚落步，右脚速进；同时，左拳冲击敌方脸部。（图2–29）

3. 动作不停，我方右拳紧跟冲出，击打敌方右肋，将敌重创。（图2–30）

图2-29

图2-30

十一

第十一手　罗汉正扫堂

【实战分解】

1. 敌方上步，右踹腿踢击我方腹部。我方退步吞身，避过敌腿，双掌护肋，蓄势待发。（图2-31）

图2-31

2. 随即，我方左脚前滑，左掌抡转拦格敌方小腿，右掌顺势穿插敌方小腹。（图2-32）

3. 动作不停，我方右脚向前擦地前扫敌方左脚跟，将其扫倒在地。（图2-33）

图2–32

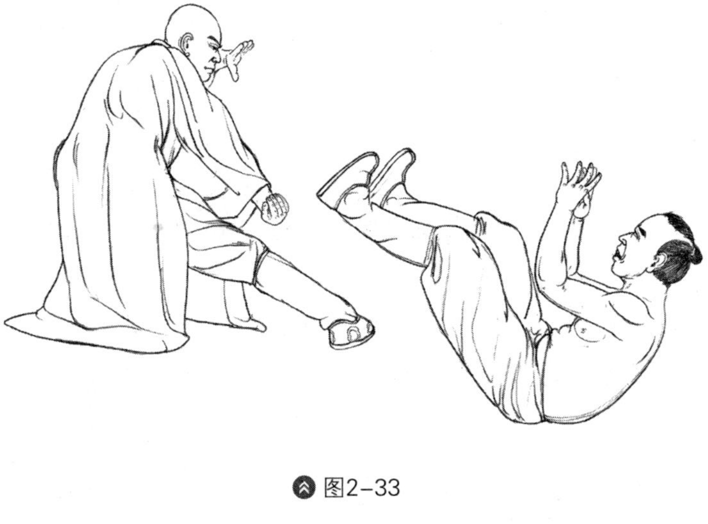

图2–33

十二

第十二手　罗汉双贯耳

【实战分解】

1. 敌方滑步近身，双拳向前崩击我方胸部。我方迅疾后撤，两掌向前上提，格于敌方前臂之间，阻截敌拳攻击。（图2-34）

图2-34

2. 随即，我方两掌猛然向外抖劲分压，震落敌方两臂。（图2-35）

3. 动作不停，我方右脚迅疾抢步，踏向敌方洪门；同时，两掌变拳，向前掼击敌方两耳，致其昏晕。（图2-36）

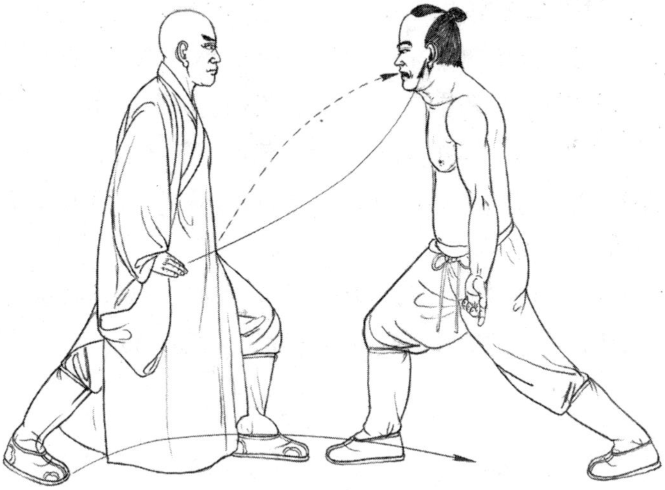

图2-35

图2-36

十三

第十三手　罗汉过肩摔

【实战分解】

1. 敌方进步，右拳崩打我方脸部。我方向后滑步，避敌锋芒之际，两掌交叉向前托架敌方右腕。（图2–37）

2. 随即，我方两脚滑步，左脚在前跨入敌方洪门；同时，两掌旋抓敌方右腕，迅速右转，将敌方右臂扛在我方左肩。（图2–38）

3. 动作不停，我方两手下拽，向右旋身，俯身撅臀，将敌方扛起前摔，令其翻跌于地。（图2–39）

图2–37

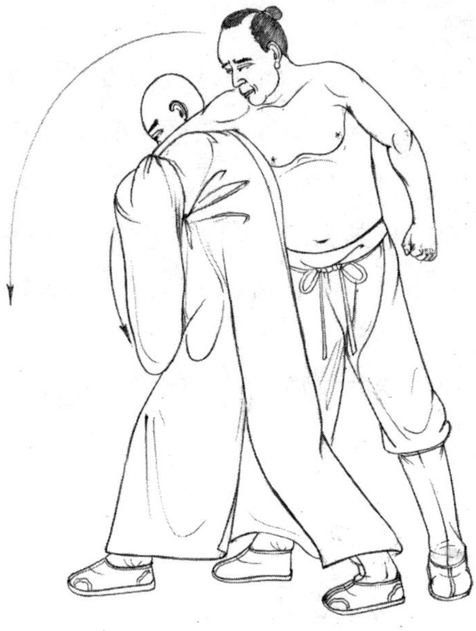

图2–38

图2–39

十四

第十四手　罗汉扑面掌

【实战分解】

1. 敌方滑步近身，双掌推击我方胸口。我方迅疾后撤，向右侧身，起左掌向右裹臂拦格，迟滞敌方力道。（图2–40）

2. 随即，我方右脚追步；同时，右掌由上向下、向右勾拦敌方右臂外侧，将敌双掌化开，致其上身前俯。（图2–41）

3. 动作不停，我方左掌乘机斜砍敌右耳根，将其击败。（图2–42）

图2–40

图2-41

图2-42

十五

第十五手　罗汉搜跟翻

【实战分解】

1. 敌方滑步近身，右掌摆打我方脸部。我方沉身坐马，避敌锋芒；同时，左掌向前上挑，拦格敌方前臂。（图2-43）

2. 随即，我方向前俯身，右掌向前下插，用掌棱猛劲砍击敌方右膝外侧。（图2-44）

3. 动作不停，我方右掌顺着敌方右膝缠绕，兜住敌右膝弯，猛然向上掀起，致其后翻跌出。（图2-45）

图2-43

图2-44

图2-45

十六

第十六手　罗汉脚搜裆

【实战分解】

1. 敌方滑步近身，右拳崩打我方脸部。我方撤步，双掌向左前上提，用左前臂向外拦格敌方右臂，右掌贴按自己左前臂助劲，阻截敌方拳击。（图2-46）

2. 随即，我方左脚前移，左臂格住敌方右臂向外裹劲；同时，右掌前伸，斜砍敌方右颈。（图2-47）

图2-46

图2-47

3. 接着，我方右掌乘机勾腕，扳住敌方颈部向下拉按；同时，猛提右膝撞击敌方心窝。（图2–48）

4. 动作不停，我方右脚顺势前伸，弹踢敌方裆部，致其败退。（图2–49）

图2–48

图2–49

第十七手 罗汉挟臂跌

【实战分解】

1. 敌方滑步近身，两拳分展，右拳在前甩劈我方脸部。我方迅疾后撤，避敌锋芒，右掌向上拦拍敌方右腕。（图2–50）

2. 随即，我方右手扣抓敌方右腕向右下旋拧；同时，左爪抓压敌方右肘关节。（图2–51）

3. 动作不停，我方迅疾向右转身，两手拉拽敌臂，致其前扑，左肘顺势砸压敌方右臂，将其制伏。（图2–52）

图2-50

图2-51

图2-52

第十八手　罗汉闪身捞

十八

【实战分解】

1. 敌方左脚上步，右拳冲击我方脸部。我方左脚向左闪跨，身体下蹲，避过敌拳。（图2–53）

图2–53

2. 随即，我方左脚向敌裆前移步；同时，左掌移贴敌方右腿前胫，右掌按贴敌方腰后。（图2–54）

3. 动作不停，我方沾身发劲，左掌向上捞抄敌方右小腿，右掌向下按压敌方后背，致其前栽扑出。（图2–55）

图2-54

图2-55

第三章

罗汉擒拿十八手

罗汉擒拿十八手，招法精湛，注重擒拿，主攻关节，分筋错骨，是罗汉门的秘传绝技。

所谓擒拿手，主要是以抓叼、锁扣、缠拧、挤靠、捋按、压砸、弹抖等手法，在实战时专门攻击敌方关节，是一门理法独特的技击术。

第一手　罗汉拧臂手

【实战分解】

1. 敌方右脚进步，右拳崩打我方脸部。我方向后滑步，坐身成左虚步，右掌上挑，用掌背格阻敌方右前臂，向外用力，阻截敌方拳击。（图3-1）

图3-1

2. 随即，我方左脚前移，成左弓步；同时，左掌向前插击敌方右肋，致敌疼痛难忍。（图3-2）

3. 动作不停，我方左掌上提抓住敌方右腕，向外旋拧；同时，右掌绕过敌方右腋按压其肩后，合力致其右臂折屈，将敌擒拿。（图3-3）

图3-2

图3-3

二

第二手　罗汉缠颈手

【实战分解】

1. 敌方右脚进步，右拳崩打我方脸部。我方迅疾撤步，沉身避敌，右臂上架，格住敌方右前臂。（图3-4）

图3-4

2. 接着，左脚前移成左弓步；同时，左掌推击敌方心窝，致其桩步散乱，重心失衡。（图3-5）

3. 动作不停，我方右脚抢上一步，绊于敌方右腿后侧；同时，右手前伸抱夹敌方头颈，向左缠拧，将敌制伏。（图3-6）

图3-5

图3-6

三

第三手 罗汉断肘手

【实战分解】

1. 敌方右脚进步，右拳崩打我方脸部。我方身向后撤，起右手拦格敌方右腕，阻截其拳锋芒。（图3-7）

2. 动作不停，我方右手扣拿敌方右腕，向下旋拧；同时，左掌上托敌方右肘，两手上托下压，交错用力，控制敌肘关节。（图3-8）

图3-7

图3-8

第四手　罗汉扭颈手

四

【实战分解】

1. 敌方右脚进步，双爪扑抓我方胸部。我方迅疾后撤，仰身避过。（图3-9）

图3-9

2. 接着，我方不待敌方换式，左步迅疾前移，双掌向前捧击敌方下巴。（图3-10）

3. 动作不停，我方右脚前移，左脚后摆；同时，向左转身，双掌抱夹住敌方下巴，向左下方旋扭，致其后倒跌出。（图3-11）

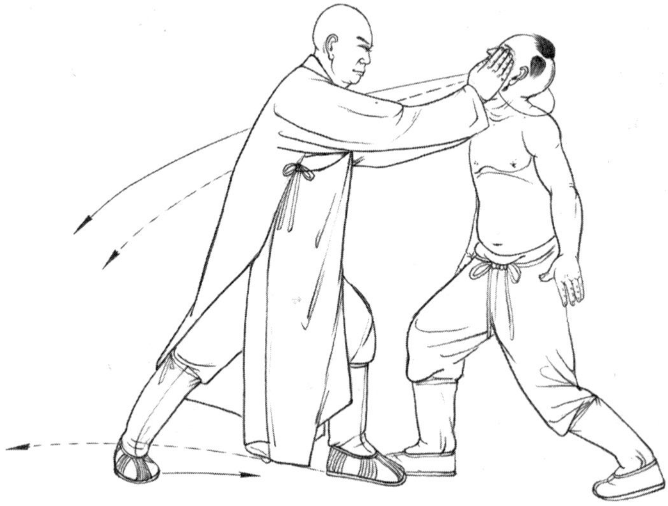

图3-10

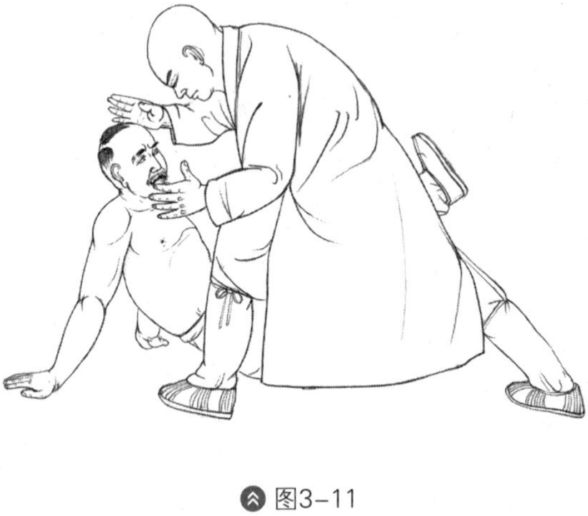

图3-11

五

第五手 罗汉捞跟手

【实战分解】

1. 敌方从身后拦腰抱住我方。我方迅疾将两脚分开，稳定桩步，随即仰头，向后撞击敌方面门或下巴。（图3-12）

2. 随即，我方上体迅疾前俯，两手从裆下捞抱敌右脚跟。（图3-13）

图3-12

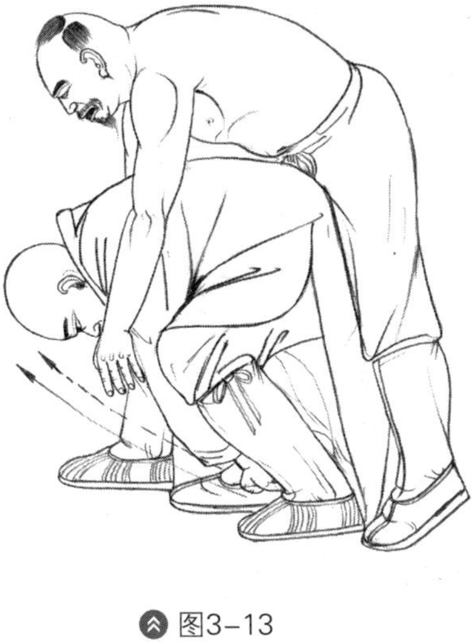

图3-13

3. 动作不停，我方两腿屈膝下坐，两手抱住敌方脚跟上提，臀部猛力下坐敌方右膝，将其坐跌于地。（图3–14）

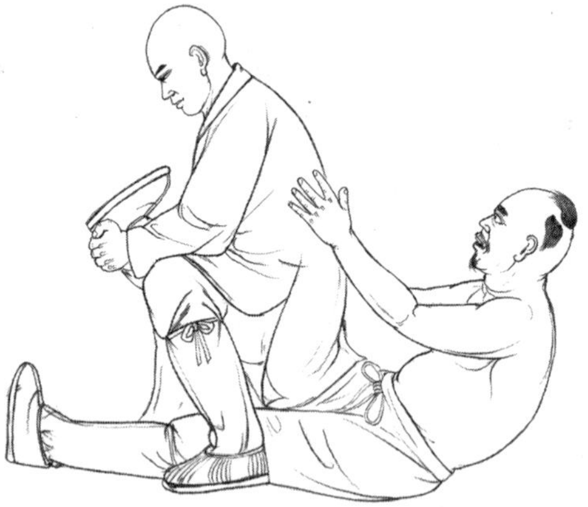

图3–14

六

第六手 罗汉挟脖手

【实战分解】

1. 敌方左脚进步，左拳冲打我方腹部。我方迅疾收步，向右偏身，左掌下伸向外拦截，以左肘格阻敌方左拳。（图3–15）

图3–15

2. 随即，我方左脚收步，右脚上步；同时，右掌前伸，经其胸前插至其右肩前侧。（图3–16）

3. 动作不停，我方右臂向外缠绕，圈臂猛挟敌方头颈，左手助力内扭，将其控制。（图3–17）

图3–16

图3–17

七

第七手 罗汉控腿手

【实战分解】

1. 敌方左脚抢步，冲身而上，左拳冲打我方脸部。我方见其劲猛，右脚闪步，偏身避过。（图3-18）

2. 我方闪身至敌左后侧之际，迅疾左转，左脚速进，用右掌插击敌方臀后尾骨。（图3-19）

图3-18

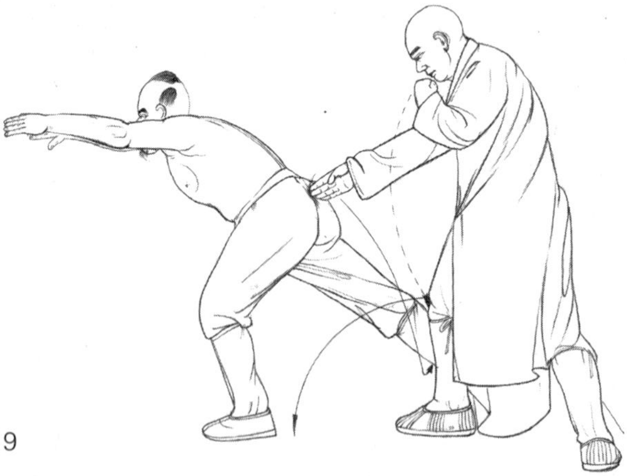

图3-19

3. 动作不停，我方向右转身，两脚摆跨；同时，向下俯身，双手抱住敌右小腿上提，臀部下坐敌右大腿，使其扑地就擒。（图3–20）

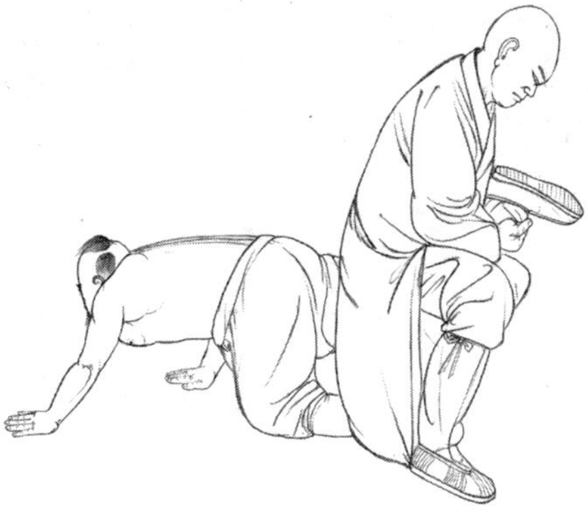

图3–20

八

第八手　罗汉扭臂手

【实战分解】

1. 敌方右脚进步，左拳冲打我方脸部。我方迅疾后撤，避过敌拳，左掌上起，用掌棱格击敌方左臂。（图3–21）

2. 接着，我方左掌向外抖劲，弹开敌方左臂；同时，右掌斜劈敌方左颈或脑后。（图3–22）

3. 动作不停，我方左手后滑顺势抓住敌方左腕，右掌按住敌方左肘，双手合力旋拧敌方左臂，使其反折于后；再以左肘贴紧敌方左肩，右掌按住敌方后脑向左推挤，将其擒拿。（图3–23）

图3-21

图3-22

图3-23

第九手 罗汉破抓手

九

【实战分解】

1. 敌方右脚进步，双手抓我胸襟，或推我方前胸。（图3-24）

2. 我方含胸收腹，两手上提，在胸前抱按敌两手背，牢牢控制，不让其逃。（图3-25）

图3-24

图3-25

3. 动作不停，我方两脚后滑，俯身用力，下压敌方双掌，致其腕折，剧痛跪地。（图3-26）

图3-26

十

第十手 罗汉绞臂手

【实战分解】

1. 敌方右脚进步，双掌向我方脸部扑击。我方滑步退身，避过敌掌锋芒。（图3-27）

图3-27

2. 随即，我方两手前伸，抓其双腕（左手在下，抓敌左腕；右手在上，抓敌右腕），用力扭拉，致其双臂交叉。（图3-28）

3. 动作不停，我方右脚跨步，踏入敌方洪门；同时，两手左右分抖发力，右手下压，左手上提，绞制敌方两臂，将其擒拿。（图3-29）

图3-28

图3-29

十一

第十一手　罗汉撅指手

【实战分解】

1. 敌方右脚进步，右手前伸，抓住我方胸襟。（图3-30）

2. 我方左手速起，扣住敌方右手小指向上猛撅，致其疼痛难忍，右臂扭曲，被迫转身。（图3-31）

3. 动作不停，我方提起左脚，踩踏敌方右腿弯，致其跪地就擒。（图3-32）

图3-30

图3-31

图3-32

第十二手　罗汉错骨手

【实战分解】

1. 敌方右脚进步，探身而来，欲抱我方。我方双手前伸，用掌棱夹击敌方颈部。（图3–33）

2. 随即，我方两手顺势前搂敌颈，猛提右膝，撞击敌方小腹或裆部，将其击败。（图3–34）

3. 动作不停，我方右脚向后落地；同时，两掌抱住敌方头部向左旋拧，迫使敌方倒地。（图3–35）

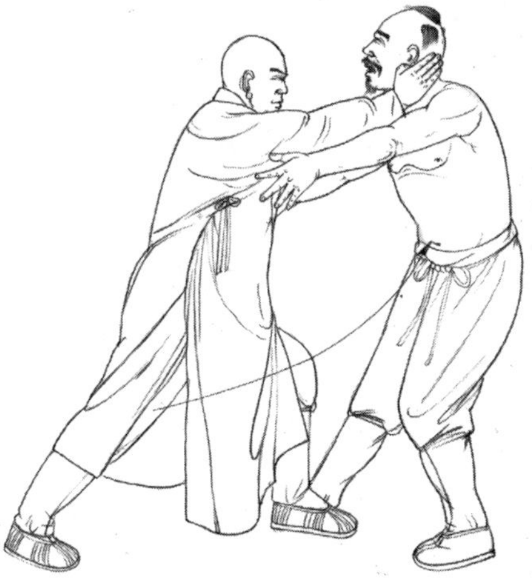

图3–33

图3–34

图3–35

十三

第十三手　罗汉扛臂手

【实战分解】

1. 敌方右脚进步，右拳崩打我方脸部。我方向后撤步，左掌上提，格挡敌方右腕。（图3–36）

图3–36

2. 随即，我方左掌顺势抓拿敌方右拳，右手从敌方右臂下方绕过抓其右腕，右脚上步，向左转身，将敌方右肘扛在我方右肩。（图3–37）

3. 动作不停，我方左脚后摆一步，两手拽住敌腕不放，继续向左转体，扭折敌方右肘关节。（图3–38）

图3-37

图3-38

第十四手 罗汉卸颌手

十四

【实战分解】

1. 敌方右脚进步，右掌向我方脸部推击而来。我方向后撤步，避过敌掌，双掌上护胸前。（图3-39）

图3-39

2. 接着，我方右掌猛力向前砍击敌方右肘，致其剧疼失力。（图3–40）

3. 随即，我方右脚跨上一步，踏入敌方中门；同时，左掌外拨，右掌再砍，重击敌方右腮或耳门。（图3–41）

4. 动作不停，我方左手抓住敌方右腕，右掌扒住敌方脸部向右旋拧，手指锁扣敌方下巴，致其后倒，被我方控制。（图3–42）

图3–40

图3–41

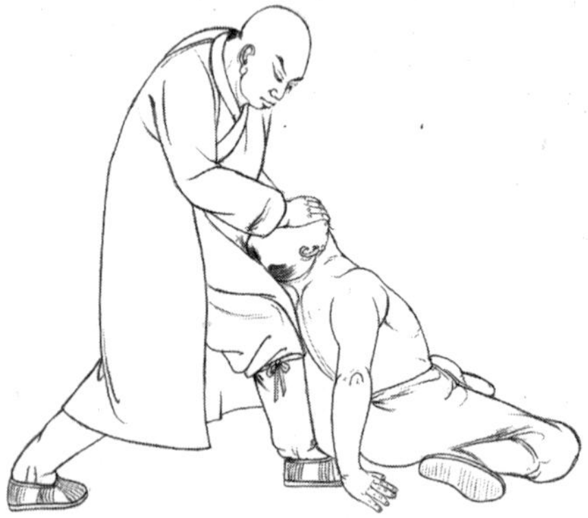

图3–42

第十五手　罗汉绕缠手

十五

【实战分解】

1. 敌方右脚进步，右拳横扫我方头部。我方向后撤步，左臂屈肘上架，拦托敌腕，阻截敌方拳击。（图3-43）

2. 接着，我方右脚跨上一步，踏入敌方中门；同时，右掌从左向右扫击敌方右颈或眼睛，致其昏晕。（图3-44）

图3-43

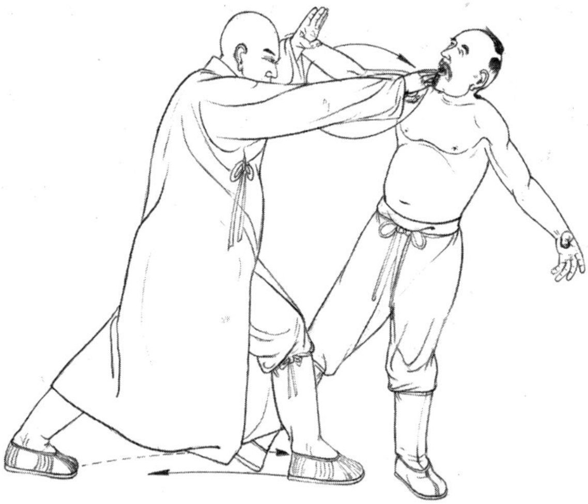

图3-44

3. 动作不停，我方左脚上步，左手反抓敌方右腕旋拧，右掌绕过敌方右臂下方，按压其右肩，右脚退步，两手用劲，盘折敌方右肘，将其擒制。（图3-45）

图3-45

十六

第十六手　罗汉锁臂手

【实战分解】

1. 敌方右脚进步，右拳冲打我方胸部。我方向后略撤，身稍左旋，双掌上提，避过敌拳。（图3-46）

2. 随即，我方双掌猛力下劈，用掌棱砍击敌方右肘，致其受伤，整臂失力。（图3-47）

3. 动作不停，我方右掌顺势后滑，抓住敌方右腕旋拧；同时，左掌向下按压敌方右肘，反拧敌方右臂，致其前扑，被我控制。（图3-48）

图3-46

图3-47

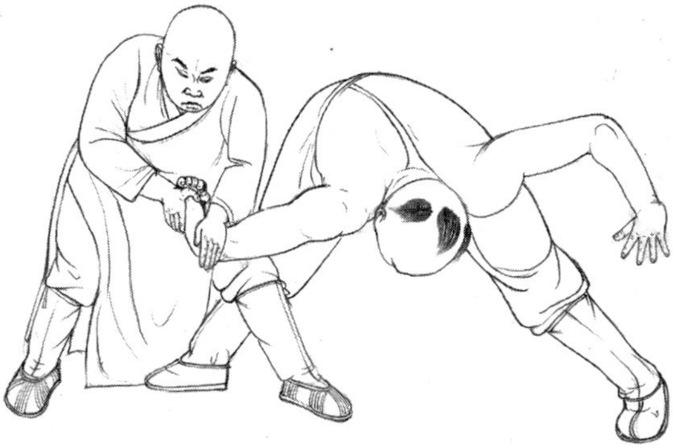

图3-48

十七

第十七手　罗汉擒臂手

【实战分解】

1. 敌方右进步，右拳冲打我方胸部。我方稍撤，右掌上提勾腕，向外拦格敌方右臂，化解敌拳力道。（图3-49）

2. 随即，我方左掌猛劲向前斜砍敌方右耳，致其昏晕失力。（图3-50）

图3-49

图3-50

3. 动作不停，我方右手抓住敌方右腕，左掌按住敌方右肘，一起向右后下方旋拧拉拽，致其臂扭被控，扑倒在地。（图3-51）

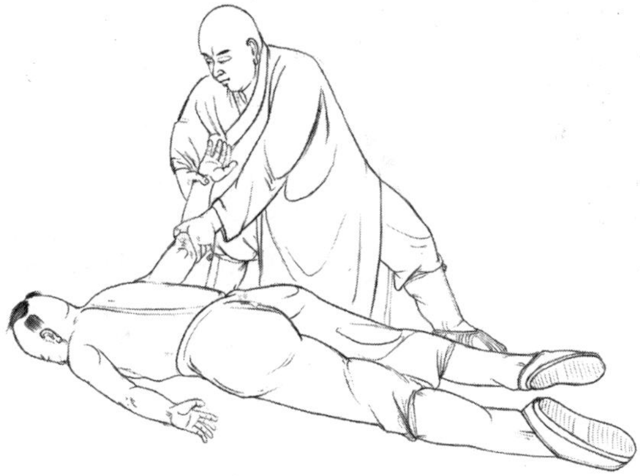

图3-51

第十八手　罗汉压臂手

十八

【实战分解】

1. 敌方右脚进步，右拳冲击我方脸部。我方向后撤身；同时，右掌上拦，格挡敌方右腕。（图3-52）

图3-52

2. 随即，我方左脚前滑，至敌右脚内侧；同时，右掌抓拧敌方右腕，身向右转，左掌格击敌方右肘。（图3-53）

3. 动作不停，我方右手向右拉拽敌方右腕，左肘前压敌方上臂，使其前扑跪地，被我方擒拿。（图3-54）

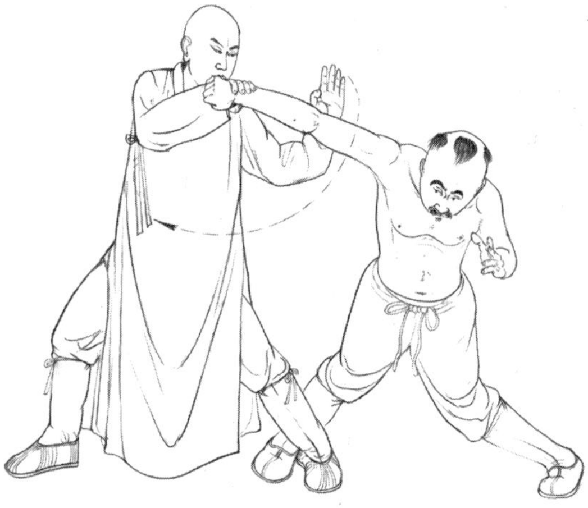

图3-53

图3-54

第四章
罗汉打穴十八手

据传，少林武僧因受针灸与按摩的启发，将人体穴位列为专门攻击目标，结合武术攻防，逐渐形成了一种打穴绝技。

单从罗汉门来讲，宋代少林有福居禅师的“罗汉短打点穴术”，贴身近战，注重打穴，高效制敌，非常著名。民国初期，恒林禅师传有“性功罗汉拳打穴术”，“发于心灵，出于性能”，“手如流星，摸拿击点，出神入玄，受者如触雷电”。

本章介绍的罗汉打穴十八手，乃此门惯用绝招，技法精湛，出手不凡；针对敌身十八穴，见机击点，令敌胆寒。

第一手　罗汉点尾手

【实战分解】

1. 敌方抢步，右拳冲打我方脸部。我方向左闪身，绕至敌方右后。（图4-1）

2. 随即，我方两脚摆步，向右回身，右手剑指插击敌方臀部之尾闾（长强）穴。（图4-2）

图4-1

图4-2

二

第二手 罗汉点心手

【实战分解】

1. 我方上步，上用左插掌，下用左弹腿，上下连击。敌方后撤，吞身后缩，避我攻击。（图4-3）

2. 随即，我方左脚落步，右脚上进一步，踏入敌方洪门，屈膝蹲身成马步；同时，右手剑指插击敌方胸前之膻中穴。（图4-4）

图4-3

图4-4

3. 动作不停，我方右腿前弓，左手剑指再度插击敌方胸前之膻中穴。（图4-5）

图4-5

三 第三手　罗汉敬酒手

【实战分解】

1. 敌方右脚跨步，右拳崩击我方胸部。我方向后撤步，两掌前推，拦截敌方前臂。（图4-6）

图4-6

2. 随即，我方左脚上步；同时，两掌下穿划劲，右掌拦于敌方右腕外侧，左掌推挤敌方右上臂。（图4-7）

3. 动作不停，我方左步稍退，左掌绕转挑抓敌方右臂；右步前滑成虚步，右手剑指乘机插击敌方喉结上方之廉泉穴。（图4-8）

图4-7

图4-8

四

第四手　罗汉点印手

【实战分解】

1. 敌方上步，右拳冲击我方脸部。我方退步沉身，左掌向上抡格敌方右臂外侧。（图4-9）

2. 随即，我方左步前移，左掌贴住敌方右前臂向内旋压，使之垂落，右手剑指点戳敌方眉心之印堂穴。（图4-10）

图4-9

图4-10

五

第五手　罗汉插丹手

【实战分解】

1. 敌方右脚前跨，右拳冲打我方脸部。我方后滑半步，右掌上提，用右前臂格击敌方右臂外侧，阻截敌方拳击。（图4-11）

2. 随即，我方右脚进于敌方洪门，左掌向前下插击敌方小腹之中极穴。（图4-12）

图4-11

图4-12

3. 动作不停，我方左脚上步，两脚并步下蹲；同时，急出右手凤眼捶，再度点击敌方小腹之中极穴。（图4–13）

图4–13

第六手 罗汉击灵手

六

【实战分解】

1. 敌方近身，用左腿踹我脸部。我方后移，左脚盖步，向右倾身。（图4–14）

图4–14

2. 不待敌腿变招，我方向左转身，两脚快速绕步，进至敌方身后；同时，左掌按敌臀尾，右手凤眼捶击打敌方背脊之灵台穴。（图4–15）

图4–15

第七手 罗汉点枕手

七

【实战分解】

1. 敌方滑步近身，左掌击我胸部。我方向左旋身躲避；同时，左手拍抓敌方左肘，向左下牵，致其侧扑欲倒。（图4–16）

图4–16

2. 随即，我方右脚上步，向左转身，进于敌方身后；同时，右手剑指点插敌方脑后之玉枕穴。（图4-17）

图4-17

第八手　罗汉朝阳手

八

【实战分解】

1. 敌方右脚跨步，右拳横扫我方头部。我方向后撤退，沉身下蹲，避过敌拳。（图4-18）

图4-18

2. 接着，我方左脚向前跨步，左肘向前顶撞敌方心口。敌方收步，用双掌拦推我方左肘。（图4-19）

3. 我方左臂伸肘，左手剑指甩击敌方眼睛或左侧太阳穴。（图4-20）

图4-19

图4-20

4. 随即，我方右手剑指速出，向前点击敌方眼睛或左侧太阳穴。（图4–21）

图4–21

第九手　罗汉击鸠手

九

【实战分解】

1. 我方上步，左掌上插，左腿下弹，突然袭击。敌方撤步，仰身避过。（图4–22）

图4–22

2. 我方左脚落步，右脚踏入敌方洪门；同时，右掌猛力插击敌方胸前之鸠尾穴。（图4-23）

3. 随即，我方右步前弓，左手剑指再度插击敌方鸠尾穴。（图4-24）

图4-23

图4-24

第十手　罗汉偷肋手

十

【实战分解】

1. 敌方右脚跨步，右拳崩击我方脸部。我方向后滑步，左掌上起，挑架敌方右臂。（图4–25）

2. 随即，我方左脚上步，贴身发力，右手剑指点插敌方右肋之期门穴。（图4–26）

图4–25

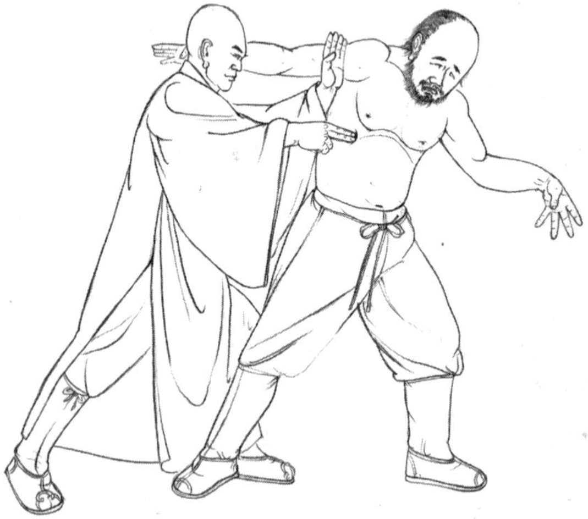

图4–26

第十一手 罗汉射肋手

【实战分解】

1. 敌方近身，左掌砍击我方脸部。我方滑步沉身，右掌上挑，格敌左臂。（图4–27）

2. 随之，我方左脚前移，左掌猛劲插击敌方左肋之章门穴。（图4–28）

3. 接着，我方沉身右转，右手剑指再度点插敌方左肋之章门穴。（图4–29）

图4–27

图4–28

图4–29

第十二手　罗汉掼堂手

【实战分解】

1. 敌方滑步近身，左掌劈击我方脸部。我方向后滑步，避敌锋芒，左掌上扬，旋格敌方左腕。（图4-30）

2. 敌方滑步，左臂屈肘前顶我方胸部。我方迅疾撤步，两手收至身前，用两掌心抵住敌方左肘尖，向前上推送。（图4-31）

图4-30

图4-31

3. 动作不停，我方左脚进步，两掌猛力下按敌方左肘，随即变成凤眼捶，抖劲向前夹击敌方两耳之听宫穴。（图4-32）

图4-32

第十三手　罗汉捉命手

十三

【实战分解】

1. 敌方滑步近身，左拳冲击我方脸部。我方向右闪步偏身，避过敌击。（图4-33）

图4-33

2. 随即，我方右脚迅疾上步绕转，进至敌方身后，速出两手剑指，点击敌方后腰。（图4-34）

3. 动作不停，我方两手旋腕，急变凤眼捶，速发抖劲，击打敌方腰下之气海俞穴。（图4-35）

图4-34

图4-35

第十四手　罗汉点窍手

十四

【实战分解】

1. 敌方左脚向前跨步，左拳崩打我方脸部。我方右脚向外闪跨；同时，右掌向前、向左拦格敌方左臂，阻截敌拳攻击。（图4-36）

2. 动作不停，我方左掌向前上穿插而出，重击敌方左耳后之头窍阴穴。（图4-37）

图4-36

图4-37

十五

第十五手　罗汉打丹手

【实战分解】

1. 敌方右脚上步，右拳冲击我方脸部。我方后滑半步，右掌上提，格击敌方右臂，阻截敌拳。（图4–38）

2. 随即，我方右脚进步，左掌插击敌方下腹之丹田穴。（图4–39）

图4–38

图4–39

3. 动作不停，我方左脚上步，两腿并蹲，右手剑指再度点击敌方丹田穴。（图4-40）

图4-40

第十六手 罗汉取胸手

十六

【实战分解】

1. 敌方进步，起右脚蹬踢我方胸部。我方撤步吞身，两臂张开，避过敌脚。（图4-41）

图4-41

2. 随即，我方左脚跨入敌方中宫，右手剑指插点敌方左乳根穴。（图4-42）

3. 敌方受击退身。我方跟踪追击，右脚抢上一步，左手剑指再度插点敌方左乳根穴。（图4-43）

图4-42

图4-43

十七

第十七手 罗汉点脊手

【实战分解】

1. 我方上步，左脚向前擦地勾踢敌方右脚跟。敌方收腿提膝，避过我方左脚。（图4-44）

2. 我方左脚落地，随即向左旋体，右脚勾踢敌方左脚踝关节。敌方右脚向后落步，左腿提起，再次避过。（图4-45）

图4-44

图4-45

3. 动作不停，我方右脚不落，顺势提膝向前蹬踢敌方左胁。敌方急忙右转躲避。（图4-46）

4. 我方右脚迅疾向前落步；同时，左手凤眼捶乘机猛击敌方后背之身柱穴。（图4-47）

图4-46

图4-47

十八

第十八手　罗汉点哑手

【实战分解】

1. 敌方前移，右脚弹踢我方小腹。我方撤步，身向右转，两掌顺势牵捋敌方右腿，左掌按住敌方脚背，左掌按住敌方右膝，使其重心失衡，摇晃欲倒。（图4–48）

2. 随即，我方右脚插步，向右转身，左手剑指速出，点击敌方颈后之哑门穴，致其昏晕。（图4–49）

图4–48

图4–49

第五章 罗汉摔跌十八手

所谓摔跌法，就是将敌摔出、致敌倒地的技法，可使敌跌趴，架式散乱，暂时失力，无法反抗。

罗汉摔跌十八手，俗称“沾衣十八跌”，其爪法抓拧盘转，其肘法砸压截拦，其腿法勾挑绞绊，变化多端，堪称绝技。

另请读者注意的是，敌方虽被摔倒，其手脚尚有反击能力，此时我方不可掉以轻心，还要根据情况加以擒拿将其牢牢控制，方为万全。

罗汉摔跌要诀曰：“擒中有摔最基本，跌中有擒劲法全。出手无腿摔不倒，出腿无手一跑完。打后有摔跌敌重，摔后有打致伤残。”

第一手　罗汉翻身跌

【实战分解】

1. 敌方滑步近身，右拳冲打我方腹部。我方向后撤退一步，沉身下坐；同时，右掌向下劈切，格住敌方右腕。（图5-1）

2. 随即，我方左脚上步，绊住敌方右腿后侧，左掌前伸，横拦于敌方胸前。（图5-2）

图5-1

图5-2

3. 动作不停，我方左臂拦住敌方咽喉，猛向左后转身，将敌摔倒在地。（图5-3）

图5-3

二

第二手　罗汉搜跟跌

【实战分解】

1. 敌方跨步近身，右拳横摆击打我方头部。我方后滑半步，头部向左偏闪，避于敌方右腰外侧。（图5-4）

图5-4

2. 随即，我方左脚前移；同时，用左掌捞托敌右小腿，右掌拍按其后背。（图5-5）

3. 动作不停，我方两手发力，左托右压，致其前栽。（图5-6）

图5-5

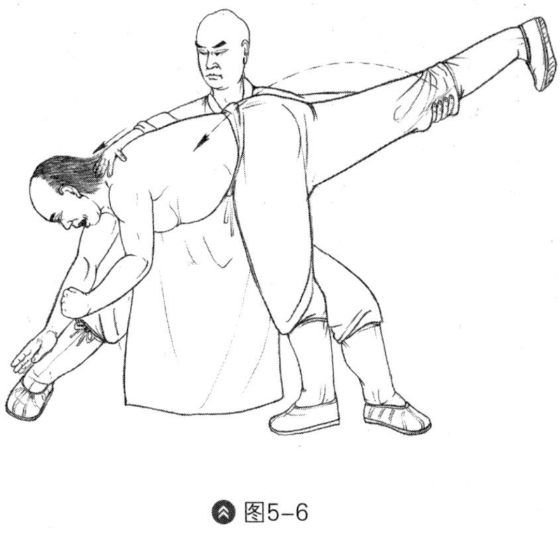

图5-6

4. 我方两掌继续托压，大幅度转体发力，将敌放远而跌。（图5-7）

图5-7

三

第三手　罗汉掀腿跌

【实战分解】

1. 敌方滑步近身，右拳冲打我方脸部。我方撤步，沉身下潜，避过敌拳；同时，右掌乘机向前拍按敌方右踝。（图5-8）

图5-8

2. 动作不停，我方右掌旋挂敌右脚跟，将敌方右腿向上托起；同时，左掌向前推击敌方脸部，致其仰身失衡。（图5-9）

3. 动作不停，我方跟踪追击，右手乘机猛劲向上推托，将敌掀翻在地。（图5-10）

图5-9

图5-10

四

第四手　罗汉绞臂跌

【实战分解】

1. 敌方滑步近身，右拳冲打我方脸部。我方向后退步；同时，左掌上提，用左前臂格阻敌方右臂。（图5-11）

2. 随即，我方右脚上步，绊住敌方右腿；同时，左掌外旋，右掌向敌右臂外侧穿提，两前臂交叉，夹住敌方右臂。（图5-12）

图5-11

图5-12

3. 动作不停，我方向左旋体，左掌顺势扣拿敌方右腕，右掌内收按住敌右前臂，右肘向上旋拧提劲，上身前俯向左下压，绞住敌方右臂，致其难动。（图5–13）

4. 最后，我方猛然向左旋转发力，将敌向左摔出。（图5–14）

图5–13

图5–14

五

第五手　罗汉臂峰跌

【实战分解】

1. 敌方滑步近身，右拳冲打我方胸部。我方迅疾后撤，用左臂向右格拦敌方右前臂，用横劲化开敌方拳击。（图5–15）

2. 随即，我方向右旋身，左手内圈，用虎口托住敌方右腕，借敌拳直来之劲，顺势向前牵带，致其失衡前倾。（图5–16）

图5–15

图5–16

3. 动作不停，我方右脚退步，向右转身，猛然用臀部右侧靠击敌方右胯后侧，致其跌扑而出。也可配合右掌捺劲，推按敌方腰后，更易摔敌。（图5-17）

图5-17

第六手 罗汉分苇跌

六

【实战分解】

1. 敌方滑步近身，右拳冲打我方脸部。我方略退，避敌右拳，右掌外旋拍格敌方右腕。（图5-18）

图5-18

2. 随即，我方左脚进步，绊于敌方右腿后侧；同时，左掌向前反甩，击打敌方左腮或耳门。（图5-19）

3. 动作不停，我方右掌猛推敌方胸部或下巴，向左下发劲，致其后跌翻倒。（图5-20）

图5-19

图5-20

七

第七手　罗汉旋风跌

【实战分解】

1. 敌方左脚进步，左拳击打我方脸部。我方向左扭身，左手擒抓敌方左腕，右爪抓拿敌方左肘。（图5-21）

2. 随即，左脚前滑，锁绊敌方左脚；同时，右掌外拧敌方左臂，左爪锁扣敌方咽喉，致其难动。右手加力锁扣，其立窒息昏晕。（图5-22）

图5-21

图5-22

3. 动作不停，我方向右旋体，左手发力震击，令敌跌出。（图5-23）

图5-23

八

第八手　罗汉朝阳跌

【实战分解】

1. 敌方上步近身，左拳击向我方脸部。我方不退反进，右脚上步，用右掌拍按其右前臂，化其攻击。（图5-24）

图5-24

2. 接着，我方左脚上步，别住敌方左腿，随即向右转身，右掌按住敌方左臂向前推挤，左臂横拦敌方胸部或咽喉，迫使敌方向右转身。（图5-25）

3. 动作不停，我方右手抓拉敌方左臂，向右后旋；左臂发劲拦压，向右旋推，致其仰面翻跌。（图5-26）

图5-25

图5-26

九

第九手　罗汉晃膀跌

【实战分解】

1. 敌方滑步近身，左拳冲打我方胸部。我方左脚向后撤步，右脚略收，沉身吞胸，右前臂内裹下压敌方左臂，阻截敌拳。（图5-27）

2. 随即，我方左手顺势拿住敌方左腕，右脚进于敌方左腿后侧；同时，右肘向前猛劲顶击敌方左肋。（图5-28）

图5-27

图5-28

3. 动作不停，我方右掌前翻，前臂反拦敌方胸部，以掌背甩击敌方面门。（图5-29）

4. 继而，我方右掌扒住敌脸，猛然向右转体，将敌跌出。（图5-30）

图5-29

图5-30

第十手　罗汉抹面跌

【实战分解】

1. 敌方滑步近身，右掌扑击我方脸部。我方向后撤步，双手上提，阻截敌方右腕。（图5–31）

2. 随即，我方左掌旋抓敌方右掌，左脚前滑，右掌按击敌方脸部。（图5–32）

图5–31

图5–32

3. 动作不停，我方左脚向右后方摆步，上体左转，左手抓住敌方右腕向左下拽拉，右掌按住敌方脸部猛然扒旋，将敌方摔躺在地。（图5-33）

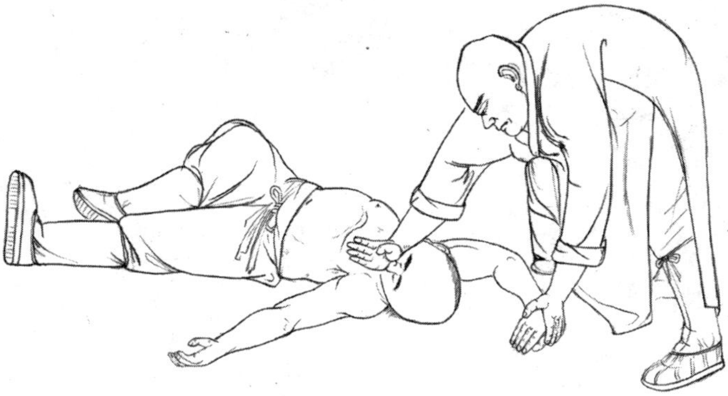

图5-33

十一 第十一手　罗汉靠山跌

【实战分解】

1. 敌方左脚跨步，左拳冲打我方脸部。我方向后移步，左掌绕转上挑，用左前臂拦格敌方左臂。（图5-34）

图5-34

2. 接着，我方右脚上步，绊于敌方左腿后侧；同时，右掌前穿，绕过敌方左上臂向上提起，两臂成绞剪式，控制敌方左臂。（图5-35）

3. 动作不停，我方上身前靠，以右肩靠击敌方左肋，致其受撞仰身。（图5-36）

4. 随之，我方右掌上翻，甩击敌方脸部，或切击敌方咽喉，将其打倒在地。（图5-37）

图5-35

图5-36

图5-37

第十二手　罗汉推山跌

十二

【实战分解】

1. 敌方滑步近身，右掌推击我方胸部。我方右掌接住敌方右掌，缠劲旋拧；同时，用左前臂由左向右靠击敌方右肘。（图5-38）

2. 动作不停，我方左臂回旋，左手锁扣敌方咽喉或下巴，向左后反压。（图5-39）

3. 随即，我方右掌松开，向前猛然发力，前推敌方胸部或下巴，致其倒地。（图5-40）

图5-38

图5-39

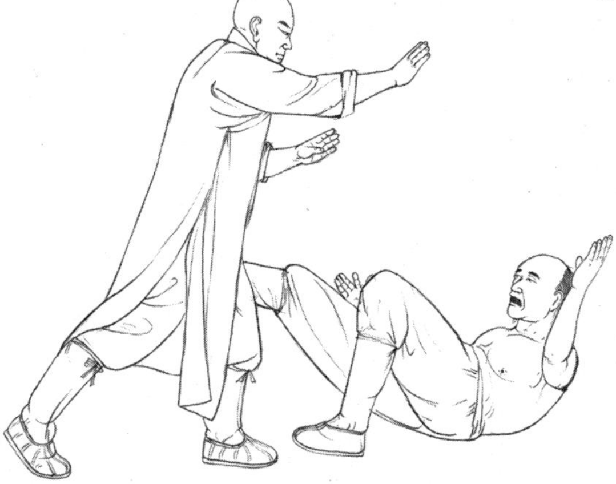

图5-40

十三

第十三手　罗汉过肩跌

【实战分解】

1. 敌方滑步近身，右拳撩打我方胸部。我方向后撤步，右掌向前画弧，用掌背拦截敌方右臂，向右外滚劲，化去敌方掌力。（图5-41）

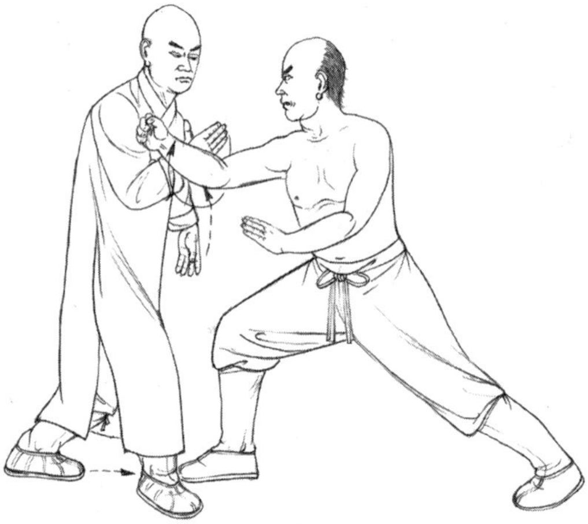

图5-41

2. 接着，我方左脚滑步，身体立起；同时，右掌贴住敌方右前臂旋转，兜住敌方右腕内侧；左掌按住敌方右臂，将敌方右腕压在我方右肩前。（图5-42）

3. 动作不停，我方右脚外展，左脚向右绕步；同时，两手合抓敌方右腕，将其右上臂反担在我方左肩上。（图5-43）

4. 随即，我方向前俯身，双手向下拽拉，肩扛臂翘，将其翻过我肩，旋摔于身前。（图5-44）

图5-42

图5-43

图5-44

十四

第十四手　罗汉拦臂跌

【实战分解】

1. 敌方滑步近身，右拳击打我方脸部。我方右脚收步，左脚向左摆步，避过敌拳；右手顺势擒住敌方右腕下带，上体右转，左肩挤靠敌右上臂。（图5-45）

2. 随即，我方顺势进逼，左肘猛力顶击敌方右肋。（图5-46）

图5-45

图5-46

3. 动作不停，我方迅速身向前挤，左臂上翻，靠击敌胸，左拳反背，砸其脸部，将其击翻在地。（图5–47）

图5–47

第十五手 罗汉旋撞跌

十五

【实战分解】

1. 敌方垫步近身，右脚踹击我方胸部。我方右手托抓敌右脚跟，随即向左滚身，左脚绕步，腰部紧贴敌方右腿。（图5–48）

图5–48

2. 接着，我方左肘猛劲顶击敌方右肋或心窝，致其失力后仰。（图5-49）

3. 动作不停，我方左掌成拳，向前翻臂，砸打敌方脸部，或撩击敌方咽喉。（图5-50）

图5-49

图5-50

4. 随即，我方身向前靠，左胯发力，冲撞敌方裆部，致其躺地难起。（图5-51）

图5-51

第十六手 罗汉扫跟跌

【实战分解】

1. 敌方滑步近身，右拳冲击我方脸部。我方左脚向左闪跨一步，向左偏身避过敌方右拳，两掌顺势向上拦截敌方右臂，向右推劲。（图5-52）

图5-52

2. 接着，我方右脚向前、向外画弧，猛力扫击敌方右脚，致其摇晃欲倒。（图5-53）

3. 动作不停，我方右掌乘机发劲，劈砸敌方胸部或心窝，将其击倒在地。（图5-54）

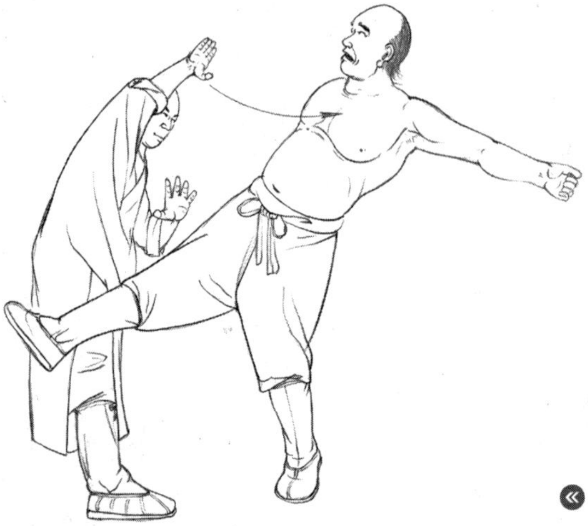

图5-53

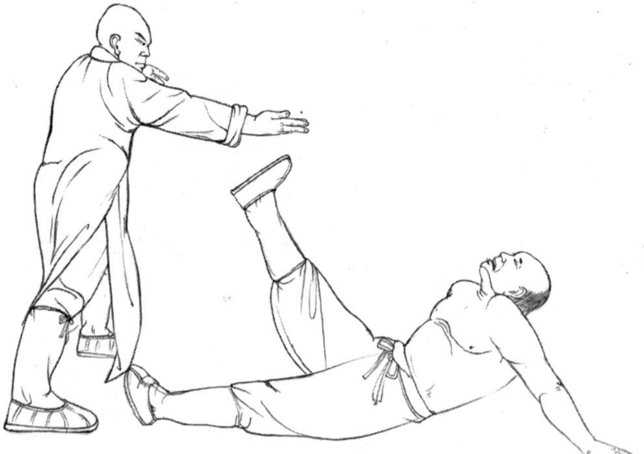

图5-54

第十七手 罗汉拽腿跌

十七

【实战分解】

1. 敌方垫步近身，右脚蹬踢我方胸部。我方向后闪过，左手抄抱敌方右小腿，右手擒抓敌方右脚掌，致其难动。（图5–55）

2. 随即，我方向右下拽敌方右腿，左脚顺势铲击或蹬击敌方左膝。（图5–56）

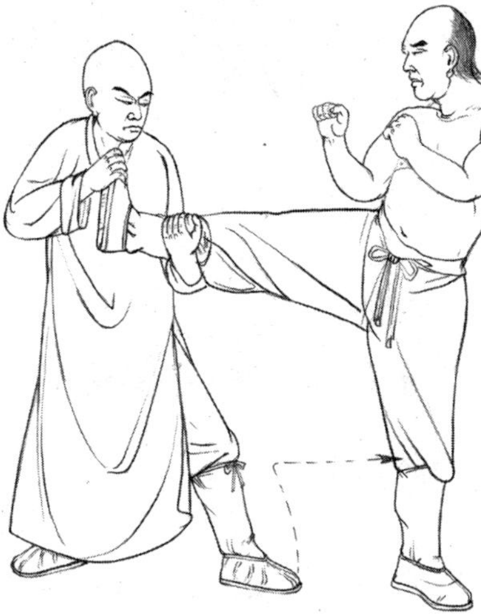

图5–55

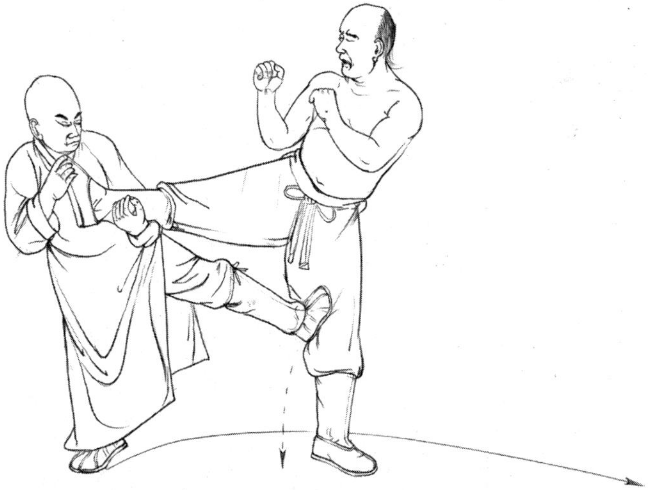

图5–56

3. 动作不停，我方左脚落步，右脚向后摆一大步；同时，向右转体，双手紧抓敌方右腿猛劲扭转，致其前扑。（图5-57）

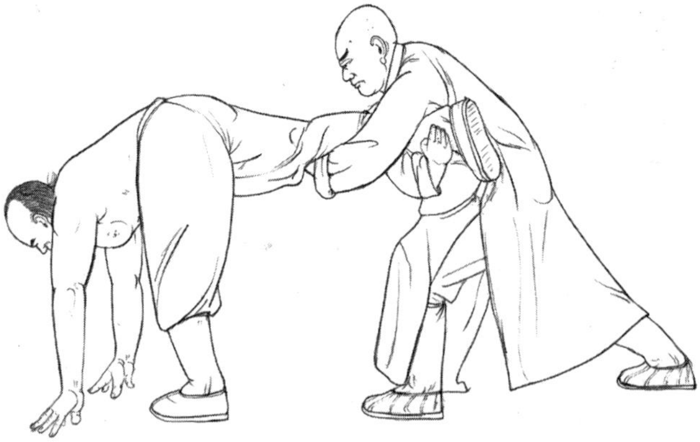

图5-57

十八

第十八手 罗汉缠缚跌

【实战分解】

1. 敌方滑步近身，右拳冲打我方腹部。我方撤步，左掌下拍敌方右臂，阻截敌方拳击。（图5-58）

图5-58

2. 接着，我方两脚前滑，左掌抓住敌方右腕下拉，右掌向前穿过敌方右臂，向上屈肘上提，折其右肘。（图5–59）

3. 动作不停，我方右脚后摆，左脚上于敌方右腿后侧；同时，右前臂反压敌右肩后，上体右旋助劲，控制敌方右臂，致其难动。（图5–60）

图5–59

图5–60

4. 最后，我方右臂猛然向右旋划甩劲，致其跌扑而出。（图5-61）

图5-61

第六章

罗汉秘功十八手

本功乃为罗汉内功之秘传动功，取义十八罗汉，一尊罗汉有一手（即一式），造型独特，富具变化，功效显著。经常练习，可舒经通络，康脏健腑；可除疲祛滞，提神醒脑；可强筋壮骨，益气增力。读者勤练，功夫一到，自然受益。

本功以动为主，以动练力；徐缓柔韧，顺中含劲；周流运化，浑然一体。练时不要强使拙力，而导致筋骨紧张，周身发僵，而偏离养生正轨。

本功呼吸随动，无论蓄劲，还是用力，气息任由身体自我调节。如刻意调息，导致气法散乱，血脉偾张，则难得内功真髓。

第一手　罗汉盘根式

【练法分解】

1. 两脚并步，正身站立；两手垂放体侧。目视前方。（图6–1）

2. 右脚向左腿后侧插步，上体左转；同时，左掌向左推出，腕约平肩，掌尖向上，掌心向外；右掌上提于左腋前，掌尖斜向上。目视左掌。（图6–2）

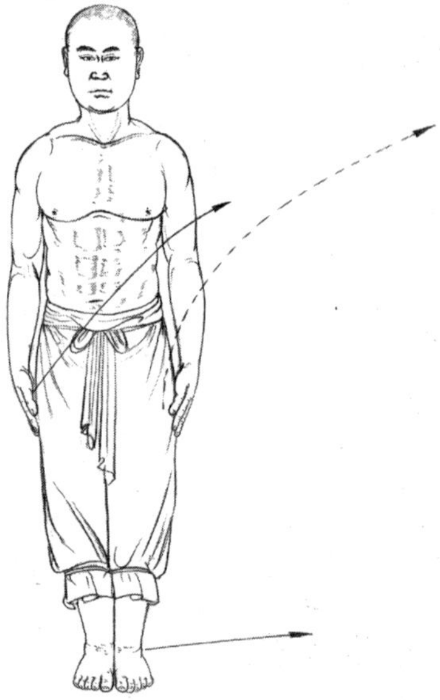

图6–1

图6–2

3. 两腿向下深屈，成扭步；同时，上体右转，两掌右摆下落，两臂伸开，约与腹平，掌心向下，掌尖斜向右。目视两掌。（图6–3）

4. 右转身，两腿伸直，开步站立；同时，两掌握拳上收，抱于腰际。（图6–4）

5. 左脚收拢，两脚并步，正身直立。（图6–5）

图6–3

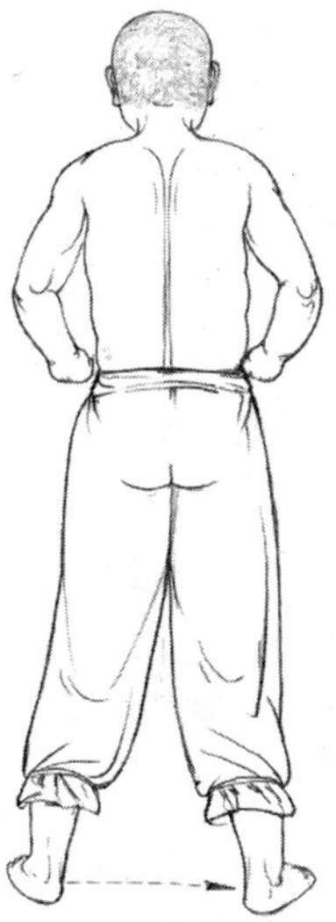

图6–4

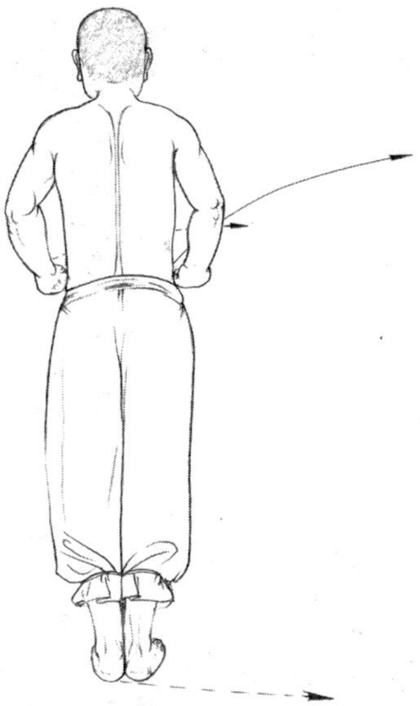

图6–5

6. 接着练习左插步右推掌，动作与上同，唯姿势相反。（图6-6至图6-9）

按上述动作，左右各做6遍，合计12遍。也可自定次数。

图6-6

图6-7

图6-8

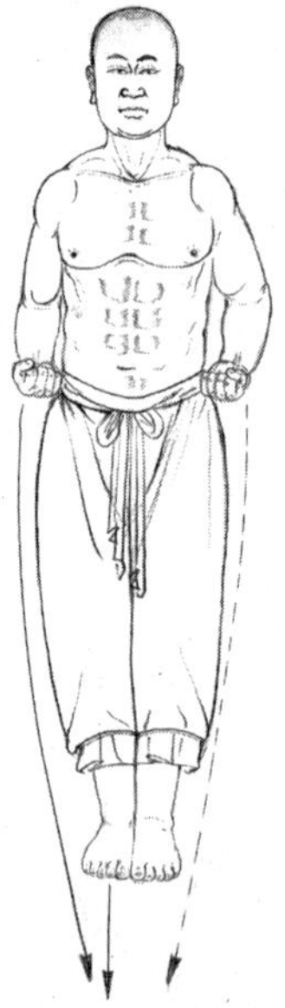

图6-9

二

第二手　罗汉虎奔式

【练法分解】

1. 右脚前上一步，屈膝成右低弓步；同时，上体前俯，两掌撑地，掌尖向前，两臂伸直。头部抬起，目视前方。（图6–10）

2. 右腿后撤于左脚内侧，两腿伸直，靠近或并拢；同时，两掌内扣，使掌尖相对，腰部用力挺直。昂首，目视前方。（图6–11）

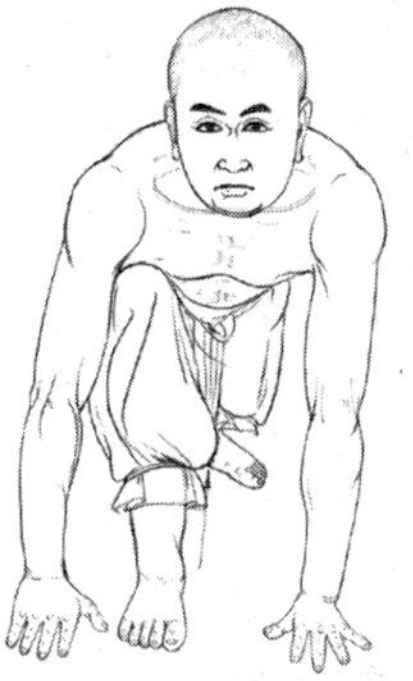

图6–10

图6–10侧面图

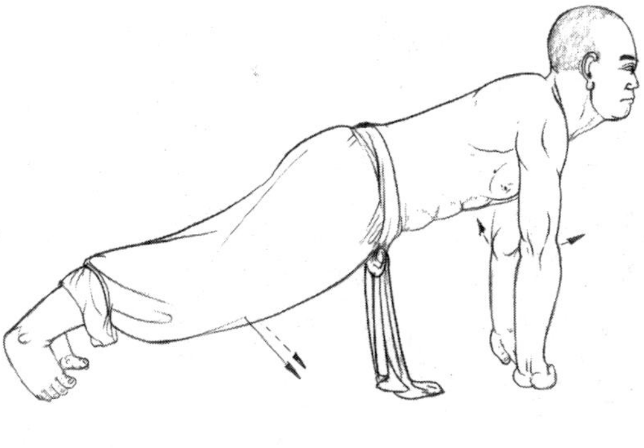

图6–11

3. 两腿屈膝向下沉跪（近地或触地皆可），臀部后收；同时，两肘稍向外撑，肘尖向外，两臂呈半弧状。缩颈，目视前下方。（图6–12）

4. 右脚前上一步，屈膝成右低弓步；两掌外摆于右脚两侧扶地，掌尖向前，两臂伸直，身体挺直。目视前下方。（图6–13）

图6–12

图6–13

5. 上身立起，两腿成左高弓步；同时，两掌收抱腰间，掌尖向前下方，掌心向上。目视前方。（图6–14）

6. 右脚后撤于左脚内侧，上体右转，两脚并步，正身站立；同时，两掌下垂于体侧。目视前方。（图6–15）

7. 换练左脚向前弓步俯撑，动作与上相同，唯方向相反。

左右各练6遍。

图6-14

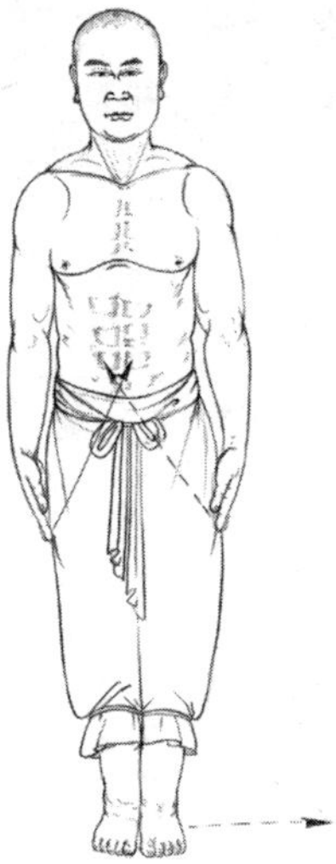

图6-15

第三手　罗汉拱手式

三

【练法分解】

1. 左脚向左横开一步，两脚间距约同肩宽；同时，两掌十指交叉，上收腹前，掌心向上。目视前方。（图6-16）

图6-16

2. 两掌向里翻腕，伸臂向前平推，掌心向前，虎口向上，腕与肩平，两肘伸开。目视掌背。（图6–17）

3. 上体向前深屈，两臂随之下落，两掌翻腕使掌心相接；两腿伸直。头向前抬，目视前方。（图6–18）

图6–17

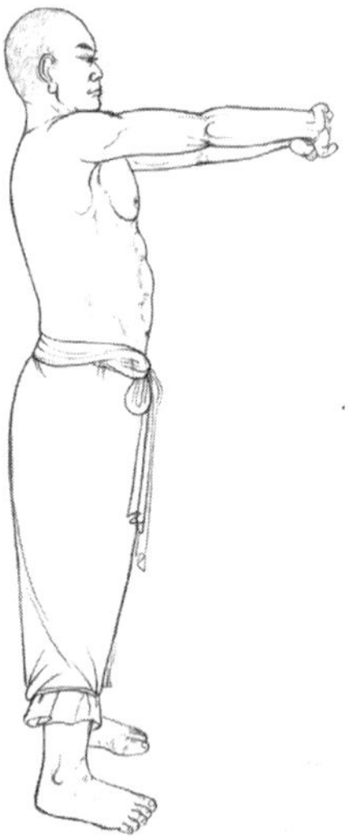

图6–17侧面图

图6–18

4. 上体立起，两掌翻腕向正上方举起，掌心向上，双臂伸直，挺胸收腹，两腿伸开。目光上视掌背。（图6–19）

5. 两掌十指松开，向两侧分展，下垂于体侧。目视前方。（图6–20）

6. 左脚收拢，两脚并步，正身直立。（图6–21）

上述动作为一遍，反复练习6遍。

图6-19

图6-20

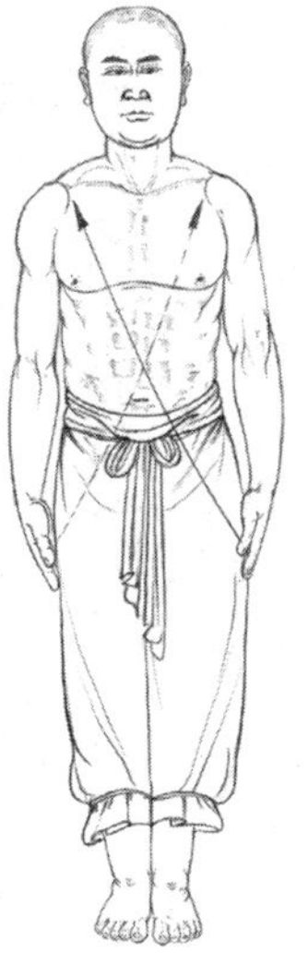

图6-21

第四手　罗汉举鼎式

【练法分解】

1. 两掌上收胸前，两腕交叉成十字手，左掌在里，掌心向右；右掌在外，掌心向左，肘臂平胸，两腕距胸约一横拳。目视前方。（图6-22）

2. 左脚向左开步，间距比肩稍宽；两掌经面前向左右分开，腕与肩平，掌心向外，掌尖向上，掌根用力外撑，双臂伸直，筋肉紧张。（图6-23）

3. 两掌下落，至与腰平时翻腕上托，置于肩前，掌心向上，掌尖向前，屈臂垂肘。（图6-24）

4. 两掌旋腕立起，腕约平肩，掌心相对，掌尖向上，两肘横平。目视前方。（图6-25）

图6-22

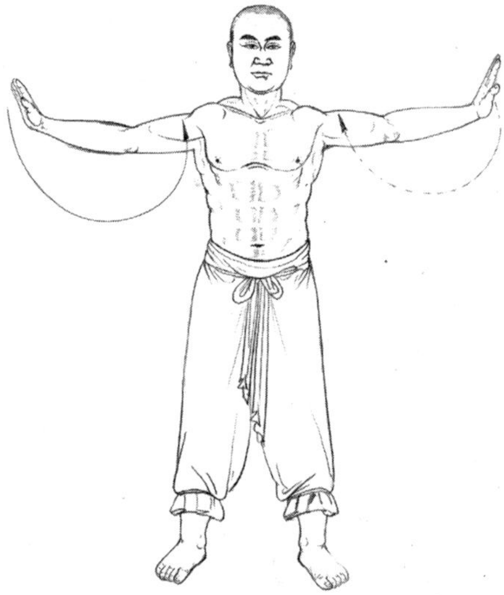

图6-23

图6-24

图6-25

5. 两肘向上用力提起，肩胛骨随之向上耸起，锁骨和肩窝用力下沉；两掌半握拳，置于肩前，拳面向下，拳心向外。目视前下方。（图6–26）

6. 左脚横开一步，两腿屈膝半蹲成低马步；同时，两拳向前下冲，两臂伸直，拳背斜相对，拳面向下。（图6–27）

7. 两脚各内收一小步；同时，两拳转腕变掌，向前对肩平托而起，掌心向上，掌尖向前，两臂伸直。目视前方。（图6–28）

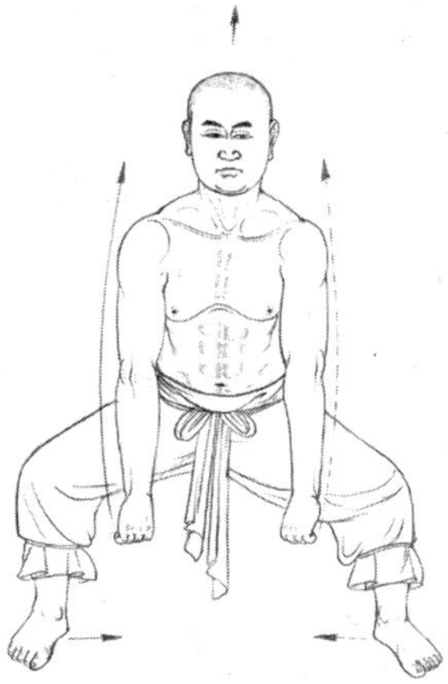

图6–27

图6–26

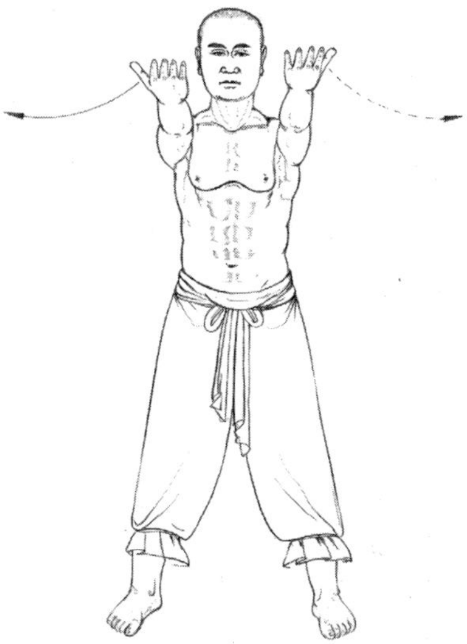

图6–28

8. 两臂左右分展，一字平肩，掌心向上，掌尖向外。（图6-29）

9. 两掌屈臂里收，横架于两耳后侧，掌尖向里，掌心向前。（图6-30）

图6-29

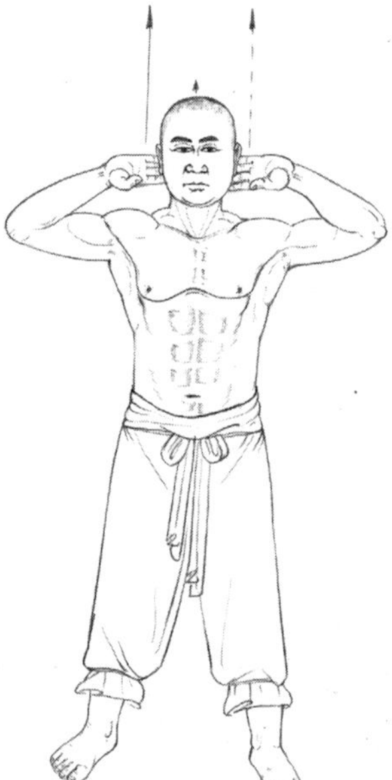

图6-30

10. 两掌向头顶上方托举，掌尖相对，掌心向上，两臂成半弧状，内劲贯注。仰面，目视双掌。（图6–31）

11. 两掌左右分开，缓缓下落于体侧；同时，左脚里收，并步正立。（图6–32）

上述动作为一遍，反复练习6遍。

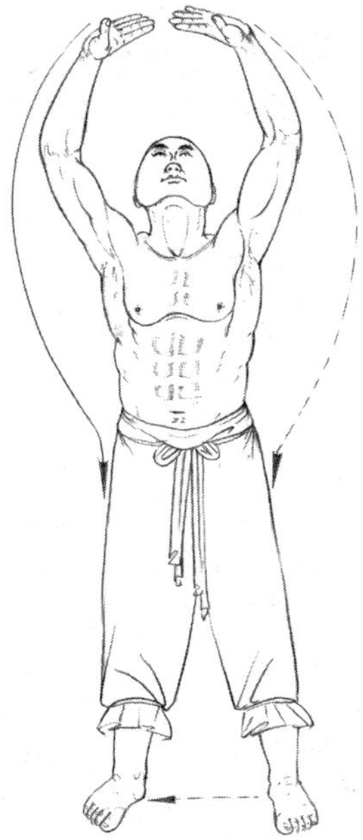

图6–31

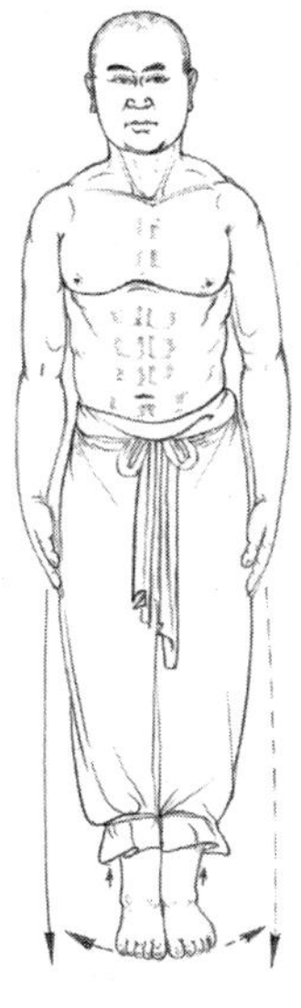

图6–32

五

第五手　罗汉勾攀式

【练法分解】

1. 两脚尖外展，两脚跟提起；同时，向下深蹲，膝关节外展，上体略前倾，两臂向下伸开，两掌按地于两脚前方，掌尖相对。抬头，目视前方。（图6-33）

2. 臀部下落坐地，两腿向前伸直，脚尖向上；上体正直，两掌按地，掌尖向前。（图6-34）

3. 两掌向上对肩高举，两臂伸直，两掌心相对，掌尖向上，挺胸后仰；两腿不动。目视双掌。（图6-35）

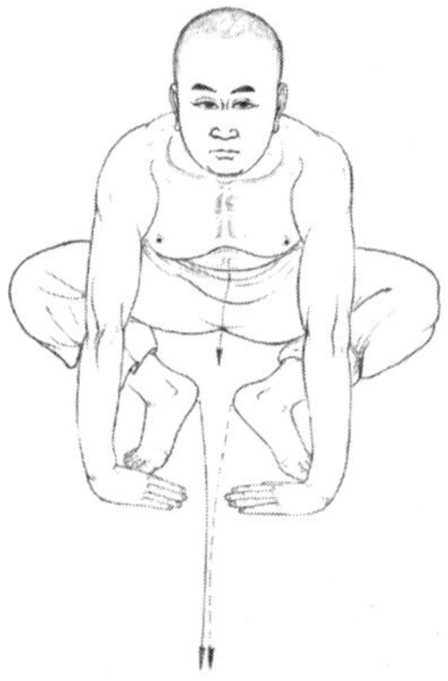

图6-33

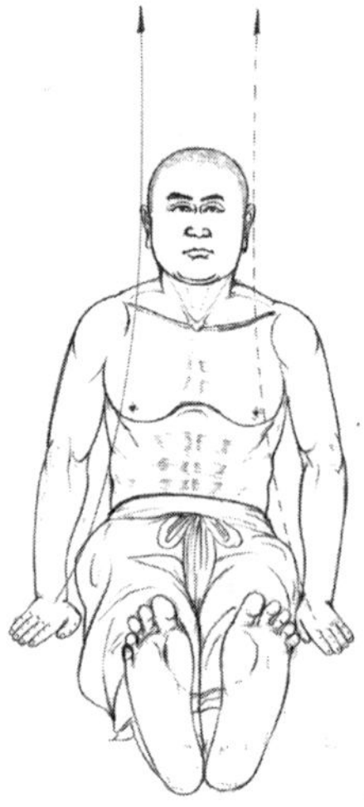

图6-34

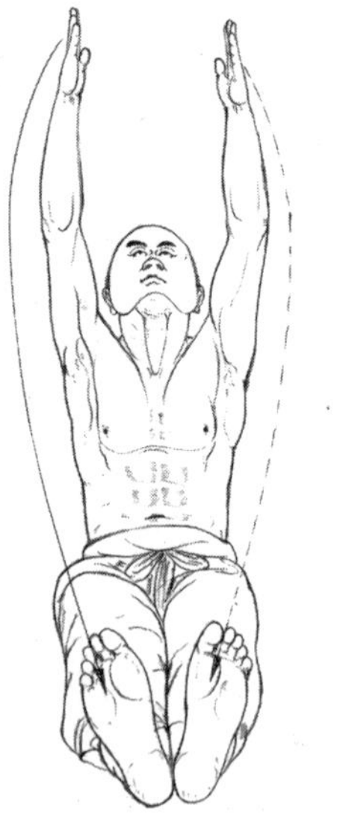

图6-35

4. 上体前屈，两臂落下，两掌扒按两前脚掌。（图6–36）

5. 上体后仰坐正，两掌向上高举，恢复举臂挺胸姿势。（图6–37）

6. 双掌放下，于胯侧撑地。（图6–38）

7. 两腿屈收，脚跟提起，前脚掌撑地，臀部抬起；同时，两掌尖内转，按于两脚前方。抬头，目视前方。（图6–39）

图6–36

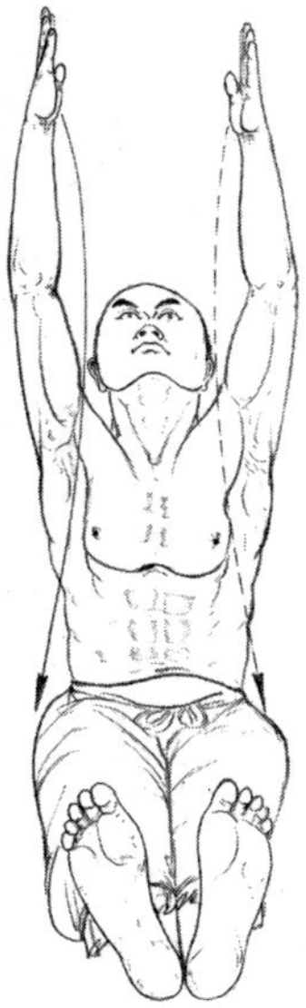

图6–37

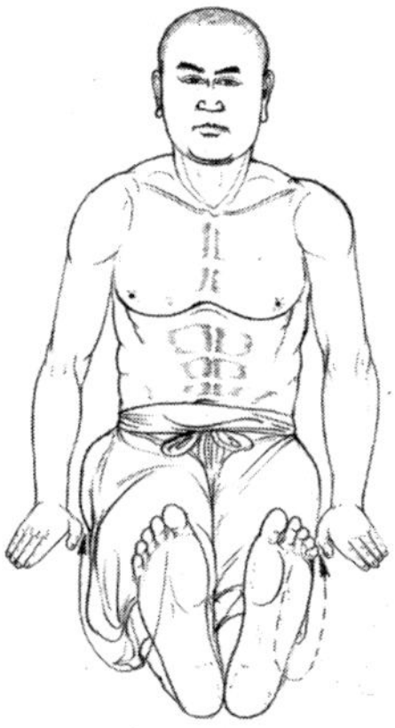

图6–38

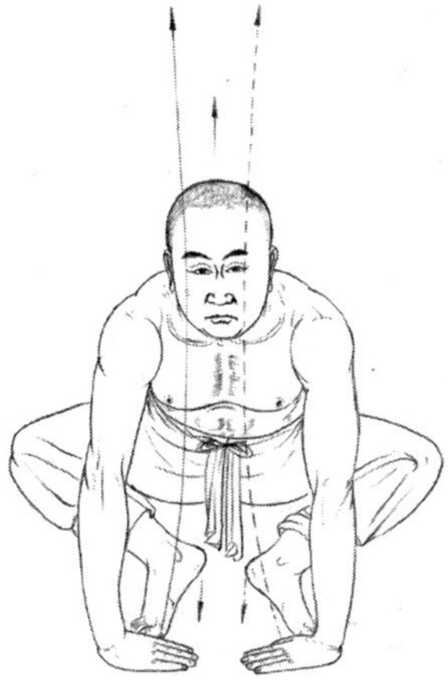

图6–39

8. 两脚跟落地，两腿伸直，起身直立；同时，两臂向上高举，两掌捏成勾手，间距稍比肩宽，勾尖向下。目视前下方。（图6-40）

9. 左脚内收，并步直立；同时，两勾手变掌，垂于体侧。（图6-41）

上述动作为一遍，反复练习6遍。

图6-40

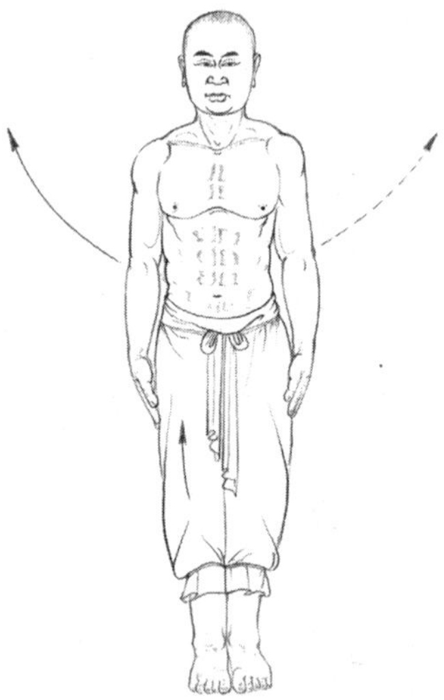

图6-41

六

第六手　罗汉撩袍式

【练法分解】

1. 两肘从体侧向上提起，肘尖约与肩平，两前臂垂直向下，两掌心向后，掌尖向下；同时，右小腿向后上方提起。目视前下方。（图6-42）

2. 右腿向后落地，右膝深屈，身体向右下坐，左腿伸直，脚尖上翘，保持平衡；同时，两肘下落屈垂，两掌立于两肩前上方，掌心向前，掌尖向上。目视前方。（图6-43）

3. 左脚掌向前落实，重心前移，右腿蹬伸，成左弓步；同时，两掌向前上方推出，掌心向前，掌尖向上，约与额平，两臂微屈。（图6-44）

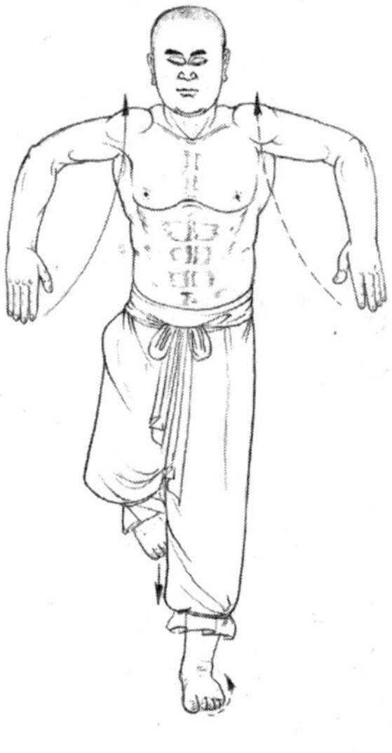

图6-42

图6-43

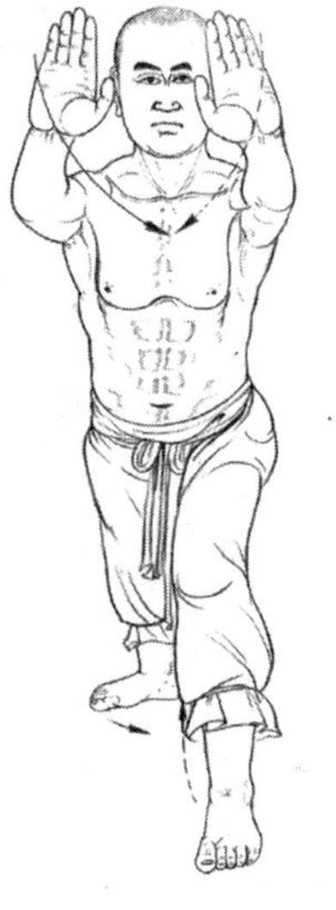

图6-44

4. 左腿收回，两腿并步，正身直立；同时，两掌外旋，收于胸下，掌尖相对，掌心向上，两臂横平。目视前方。（图6-45）

5. 两掌放下，垂于体侧，还原立正。（图6-46）

6. 上为左式，接练右式一遍，动作相同，唯姿势相反。左右各练6遍。

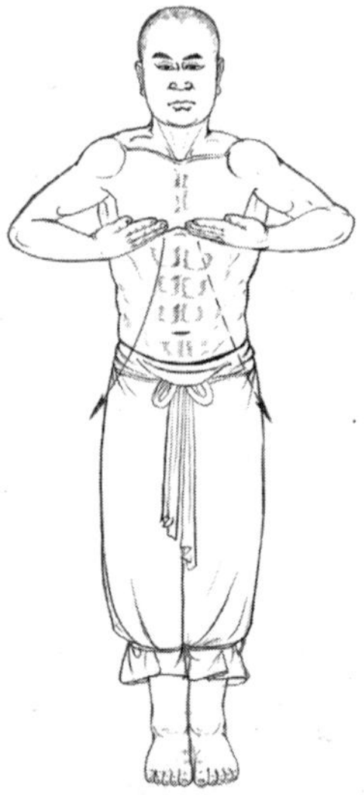

图6-45

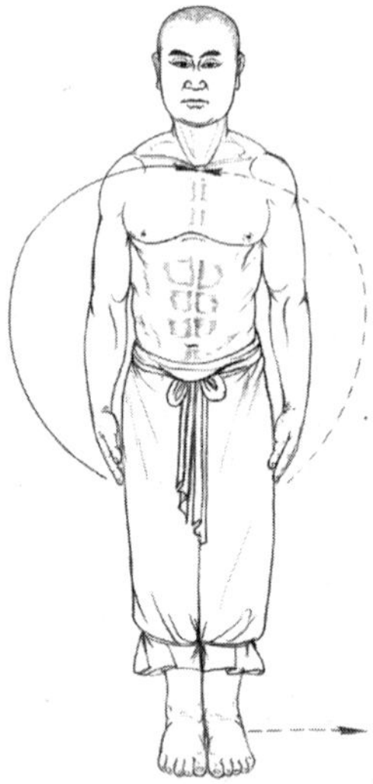

图6-46

七

第七手　罗汉献杵式

【练法分解】

1. 左脚向左横开一步，两脚间距宽于两肩，大开步站立；同时，两掌自左右两侧弧形上收，至胸前合掌，掌尖内旋向里对胸，两虎口在下，两肘上举略高于肩。目视前方。（图6-47）

2. 两脚外移，屈膝半蹲成马步；同时，两掌前旋，向左右展臂分推，腕与肩平，掌心向外，掌尖向上。（图6-48）

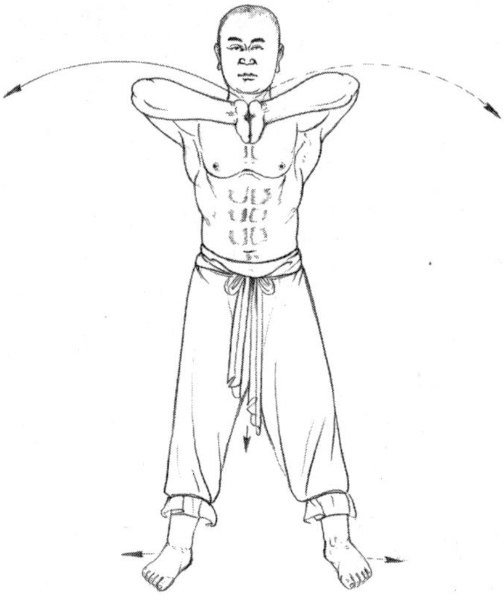

图6-47

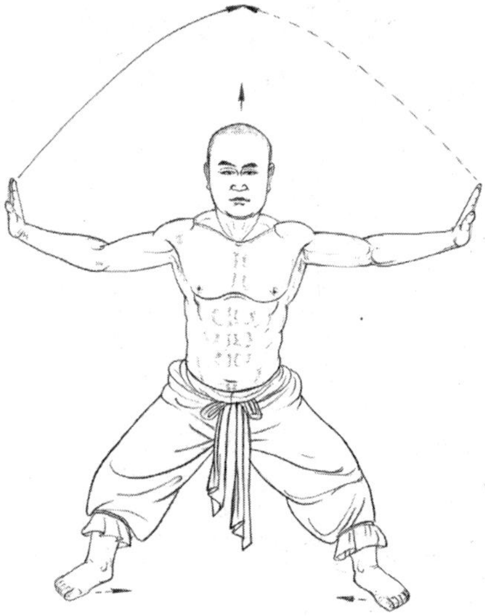

图6-48

3. 两脚内收，间距略宽于两肩，伸腿直立；同时，两掌向上画弧伸举，在头顶正上方合掌，掌尖向上。（图6-49）

4. 两掌下降胸前，仍然合十，两臂屈肘横平。目光内含。（图6-50）

5. 两脚外分，屈蹲成高马步；同时，两肘尖用力外展上抬，约与肩平，两掌分开握拳，拳面相对，拳心向下。目视前方。（图6-51）

6. 左脚内收，两脚并步，正身直立；同时，两拳变掌，下垂于体侧。（图6-52）

上述动作，反复练习6遍。

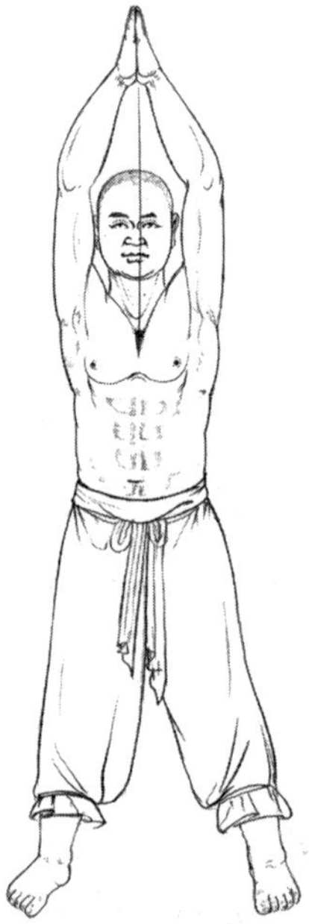

图6-49

图6-50

图6-51

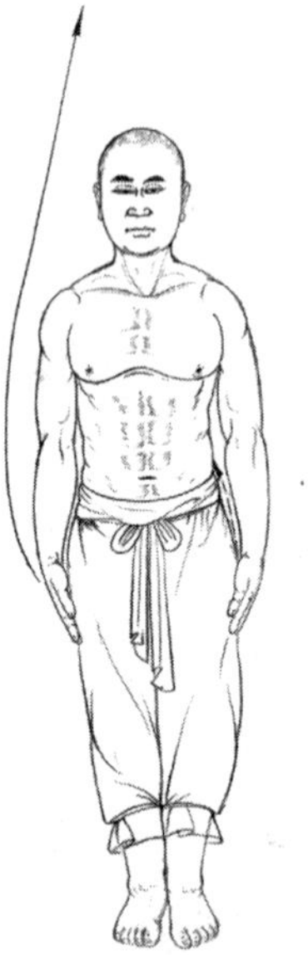

图6-52

第八手　罗汉探海式

八

【练法分解】

1. 左掌绕至腰后，前臂横平，掌心向外，掌背贴身；同时，右臂由右侧向上伸直高举，掌心向上，掌尖向左。目视右掌背。（图6–53）

2. 左臂自腰后转过，由左侧向上伸直高举，掌心向上，掌尖向右；同时，右臂落下，绕回腰后，屈肘横置腰后，掌心向外。目视左掌。（图6–54）

3. 上体前屈，左掌向下探伸，掌尖向下，触及左脚大趾；右掌置于腰后不变。抬头，目视前方。（图6–55）

图6–53

图6–54

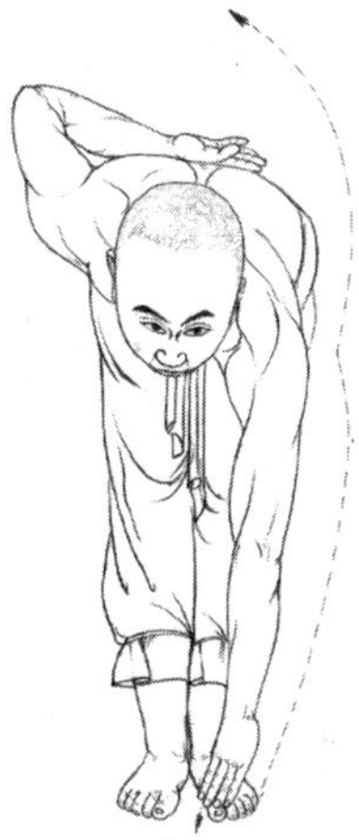

图6–55

4. 身体继续前探，成探海平衡式，左腿向后上方伸举，髋、膝、踝尽力伸直，脚面绷平，脚尖向后上方；右腿独立，伸直勿屈。目视前下方。（图6–56）

5. 左腿落下，两脚并步；同时，立起上身，两掌抱拳，收于腰间，拳心向上。目视前方。（图6–57）

6. 两拳变掌，垂放体侧。（图6–58）

7. 接做左式，与上面右式动作相同，唯姿势相反。

左右各练6遍。

图6–56

图6–57

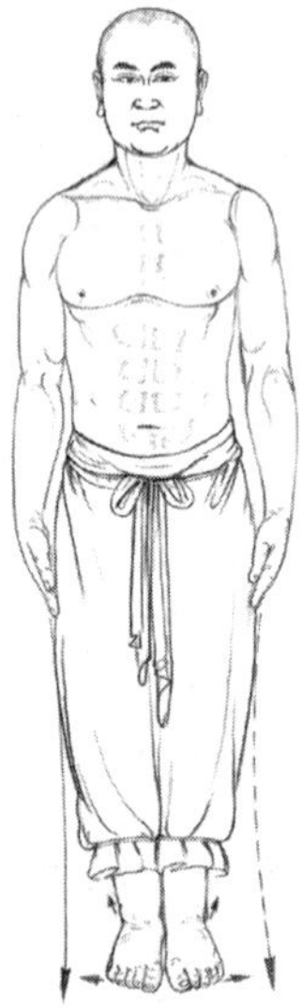

图6–58

第九手　罗汉挺脊式

九

【练法分解】

1. 两脚尖外展，脚跟提起，两腿随之屈膝向下深蹲，两膝外展；同时，上体微倾，两臂下垂伸直，两掌撑地于两脚前，掌尖相对。抬头，目视前方。（图6-59）

2. 两腿向后伸直，前脚掌着地，身体挺直；两臂伸直。抬头前视。（图6-60）

3. 向右翻身，由俯身变成仰身。左掌撑地用力，右掌抡转翻落，两臂伸直，掌尖向外；腹部上挺，两腿伸直，脚尖着地不可上翘，脚跟略提，头稍后仰。（图6-61）

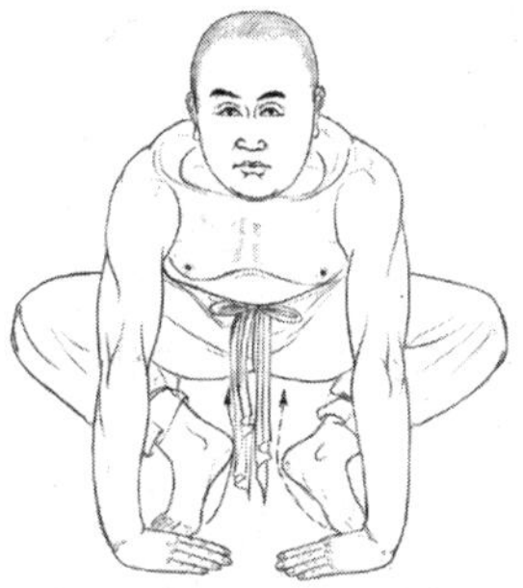

图6-59

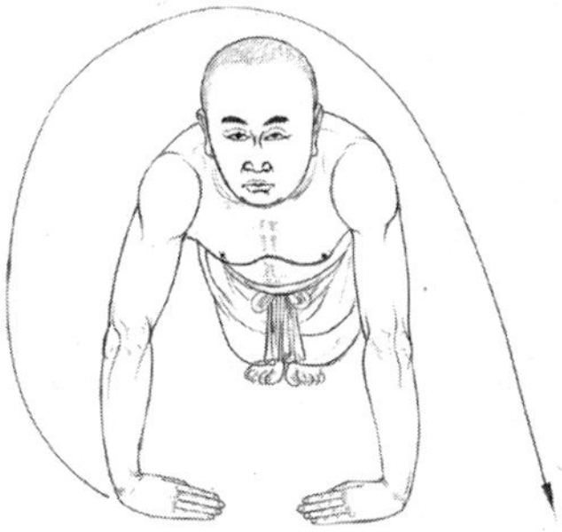

图6-60

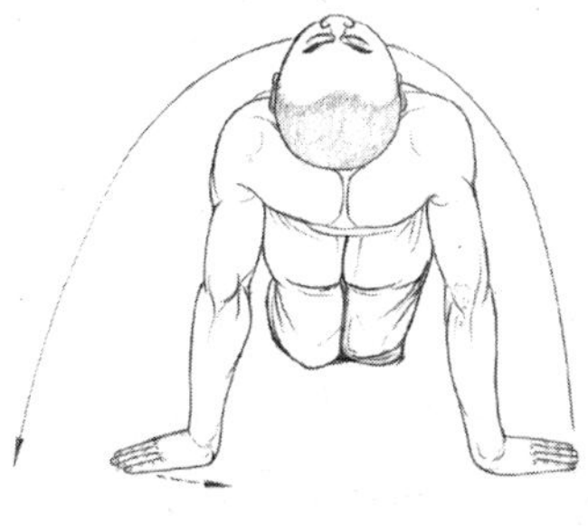

图6-61

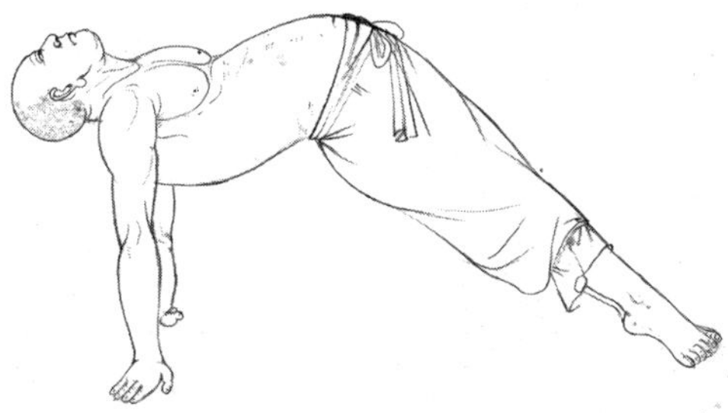

图6-61附图

4. 向左翻身，右掌抡转，还原成俯身式。（图6–62）

5. 两腿屈膝，两脚前收至两掌内侧，脚跟提起；两臂伸直。抬头。（图6–63）

6. 两脚跟落地，伸腿立起；同时，两掌一起上提，相合于背后，两掌尖斜向下，两肘向上，上体后仰。目光上视。（图6–64）

7. 上体复正，两掌垂放于体侧；左脚里收，并步直立。目视前方。（图6–65）

上述动作，反复练习6遍。

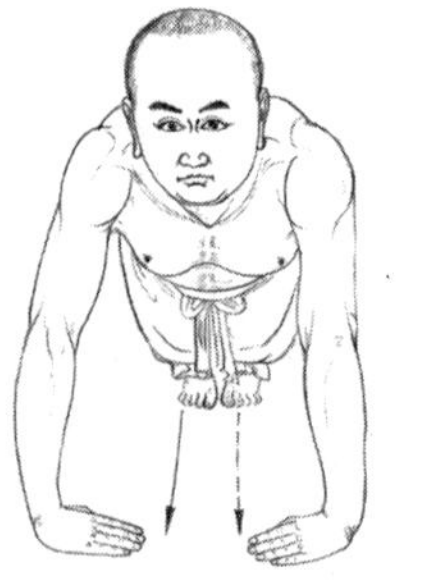

图6–62

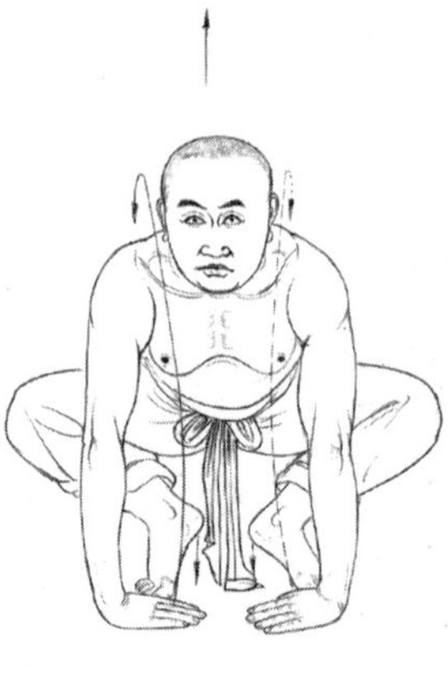

图6–63

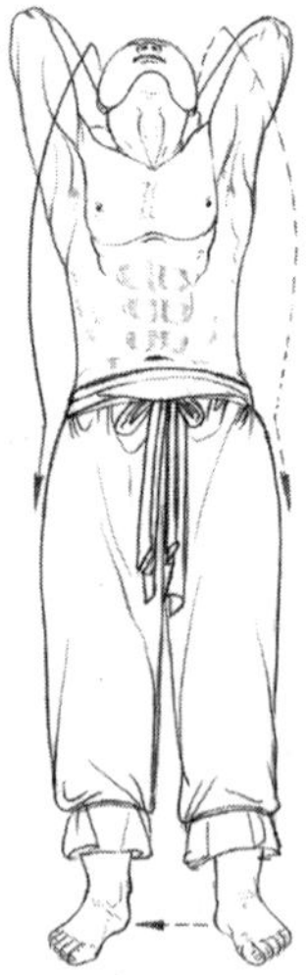

图6–64

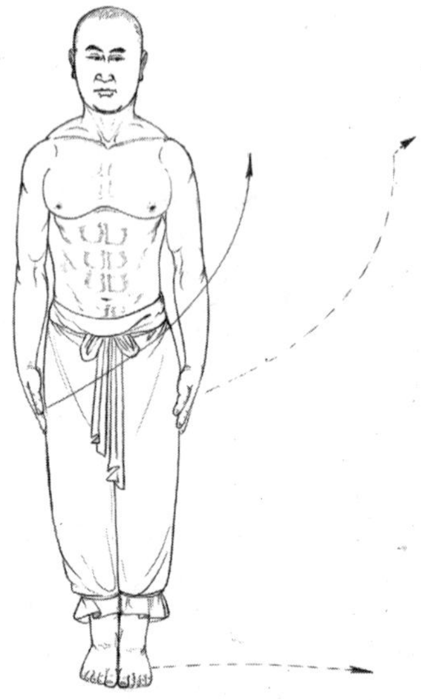

图6–65

第十手　罗汉摘星式

十

【练法分解】

1. 上体微左转，左脚向左前方跨出一大步，屈膝成左弓步；同时，左掌向左前方推出，腕约与肩平，掌尖向上，掌棱向前；右掌上提，护于左上臂内侧，掌尖斜向上。目视左掌。（图6-66）

2. 左掌向头左上方架掌，掌心向上，掌尖向右；同时，右掌向前推出，掌心向前，掌尖向上，约与顶平。目视右掌。（图6-67）

图6-66

图6-67

3. 向右后转身，两脚摆扣，成右弓步；同时，左掌随转身向前方伸臂摆插，约与鼻平，掌心向上，掌尖向前；右掌护于左腋下，掌心向外，掌尖向上。目视左掌。（图6-68）

4. 向左转体，两脚摆扣，成左弓步；同时，左掌翻转成掌心向下，向左方直臂摆插，约与鼻平；右掌仍置于左腋下。目视左掌。（图6-69）

图6-68

图6-69

5. 放下两掌，垂于体侧；左脚收拢，并步立正。目视前方。（图6-70）

6. 接做右式，与上述动作相同，唯姿势相反。

左右互换练习，各做6遍。

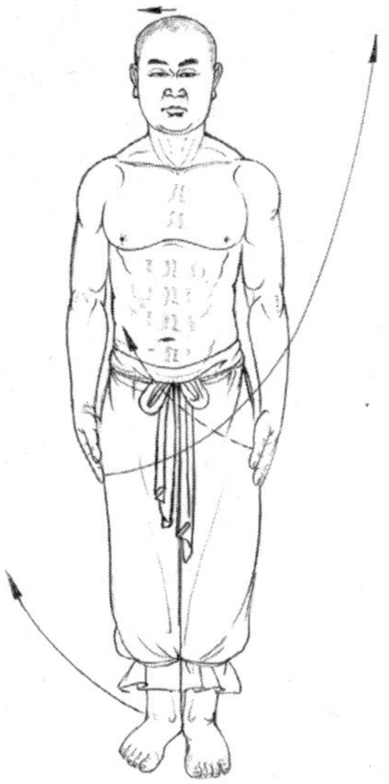

图6-70

十一

第十一手　罗汉睡枕式

【练法分解】

1. 上体左旋，右掌向左肩外侧举起，掌尖向上，掌心向后；左掌变拳提于右腰侧，拳心向下，拳面向右；同时，右腿屈膝向右后方提起，约与膝平；左腿独立伸直。目视右下。（图6-71）

2. 右腿向右落步屈膝，左腿蹬伸成右弓步；同时，左拳变掌，附在右大腿上；右掌向右画弧，屈肘竖臂于右肩前上方，右腮侧枕于右掌上。头向右偏，目视左斜上方。（图6-72）

图6-71

图6-72

3. 立起上身，右脚向左脚并拢，正身直立；同时，两掌外分，上托耳侧，掌尖向外，掌心向上，两臂屈肘，前臂竖直。目视前方。（图6-73）

4. 两掌握拳，内转下落，约与腰平，拳心向后，拳面向下，两肘向上略提，两前臂下垂。（图6-74）

5. 两脚尖内扣，并步正身直立；同时，两拳成掌，下落于体侧。（图6-75）

6. 接做左式。

左右互换，各练6遍。

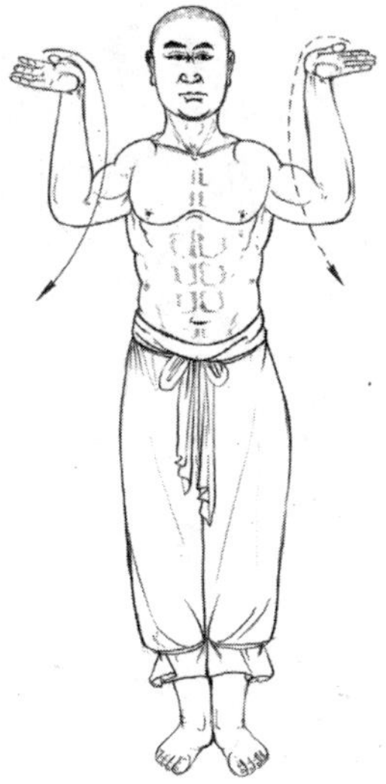

图6-73

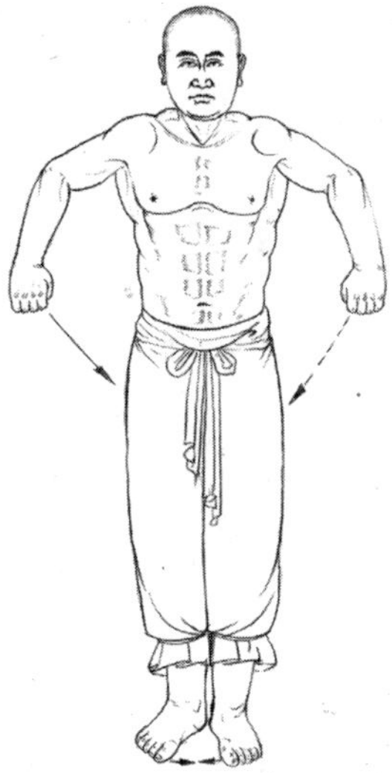

图6-74

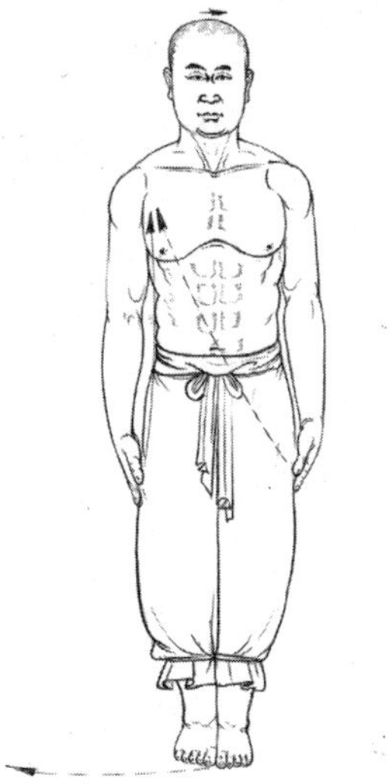

图6-75

十二

第十二手　罗汉甩鞭式

【练法分解】

1. 左脚向右插步，上体左转；同时，两掌变拳，上提至右胸前，拳面相对，拳心向下，两臂屈肘。目视左侧。（图6-76）

2. 右脚向左前方上步；同时，上体向右转，两臂姿势不变。目视右侧。（图6-77）

3. 左脚向右上步，成左弓步；同时，两臂向前伸直，与肩齐平，拳心相对，拳眼向上。目视双拳。（图6-78）

图6-76

图6-77

图6-78

4. 上体左转，两拳向左甩出，右拳置于左腋前，拳心斜向下；左拳向左斜上方伸出，拳心斜向上，高过头顶。目视左后方。（图6–79）

5. 右脚向前上步，并于左脚侧，还原立正；同时，两拳变掌，下垂于体侧。目视前方。（图6–80）

6. 接做右式。右式动作与左式相同，唯方向相反。

左右互换练习，各做6遍。

图6–79

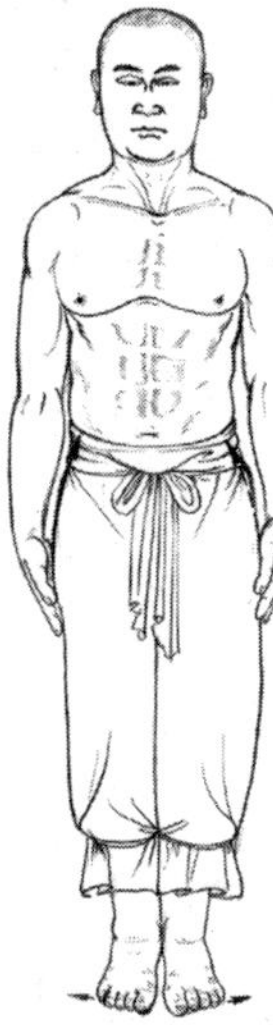

图6–80

十三 第十三手 罗汉踏浪式

【练法分解】

1. 两脚尖略外摆；同时，两掌上收叉腰，拇指在后，四指在前。目视前方。（图6–81）

2. 左腿提起，向前平伸，脚面绷直；右腿独立站稳。（图6–82）

3. 左脚尖上勾，脚跟用力前蹬。（图6–83）

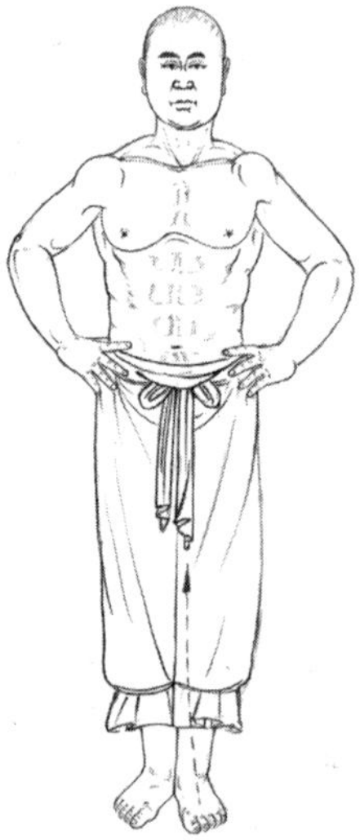

图6-81

图6-82

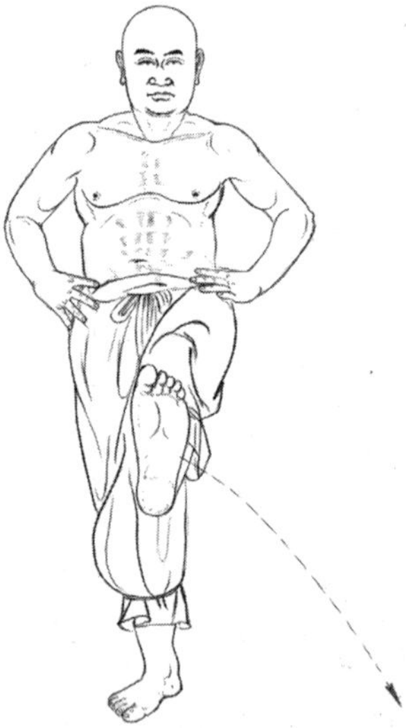

图6-83

4. 左腿向左侧落地，两膝随之屈蹲成马步，挺胸收腹。目视前方。（图6-84）

5. 左脚收拢，两脚并步，正身直立。（图6-85）

6. 接做右腿动作。左右互换练习，各做6遍。

7. 放下两掌，垂于体侧。（图6-86）

图6-84

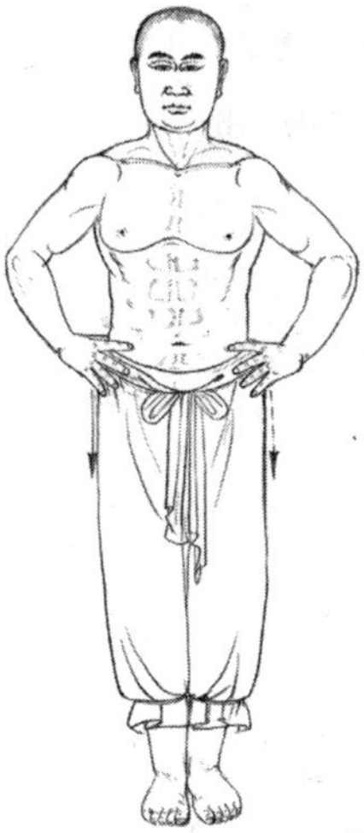

图6-85

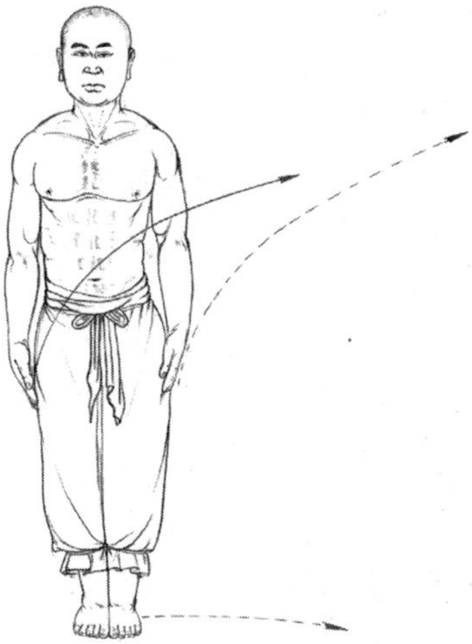

图6-86

十四

第十四手　罗汉插花式

【练法分解】

1. 向左转身，左脚向前跨一大步，成左弓步；同时，左掌向前方推出，掌尖向上，约与额平；右掌护在左肘之下。目视左掌。（图6-87）

2. 向右转身，两腿成右弓步；同时，两掌变拳，向右画弧，右拳上举，高过头顶，拳面向上；左拳置于右腰前，拳面向右。目视右前方。（图6–88）

3. 两脚摆扣，成左弓步；同时，两拳向左画弧，左拳上举，高过头顶，拳面向上；右拳置于左腰前，拳面向左，目视右前方。（图6–89）

图6–87

图6–88

图6–89

4. 右腿向前弹踢，脚面绷平，脚尖向前；左腿伸膝独立，两拳不变。目视前方。（图6-90）

5. 上体右倾，左拳向右摆伸，环臂于头顶上方。目视右下方。（图6-91）

6. 右脚放下，两脚并拢，正身直立；同时，两拳变掌，垂放于体侧。目视前方。（图6-92）

7. 接做左侧动作。

左右互换，各练6遍。

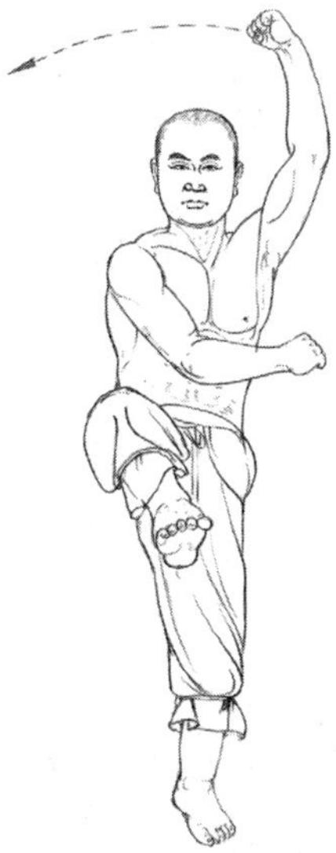

图6-90

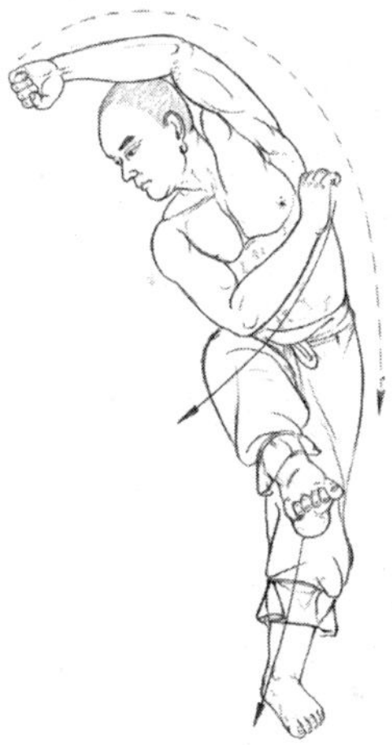

图6-91

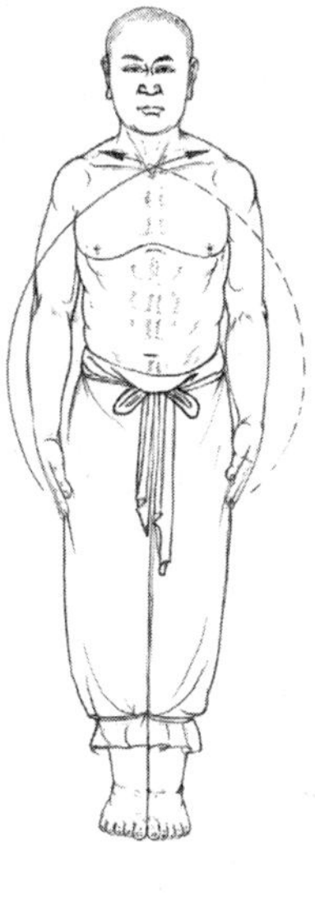

图6-92

十五

第十五手　罗汉抄水式

【练法分解】

1. 两掌上收于胸前，两腕相搭，两掌尖斜向上，左掌在外，掌心向右；右手在里，掌心向左。目视前方。（图6-93）

2. 左脚向右斜前方上进一步，屈膝前弓成左弓步，上体左转；同时，两掌分开，右掌向右斜前上方架出，掌尖向左，掌棱向上；左掌向左后斜下方抄出，掌心向后，掌尖向下。目视左后方。（图6-94）

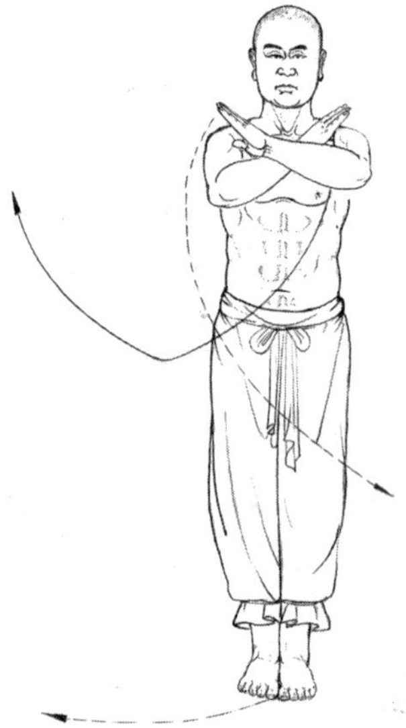

图6-93

图6-94

3. 左脚收回，两脚并步，正身直立；两掌收回，交搭胸前，右掌在外，左掌在里。目视前方。（图6–95）

4. 接做右侧动作。左右动作各练6遍。（图6–96、图6–97）

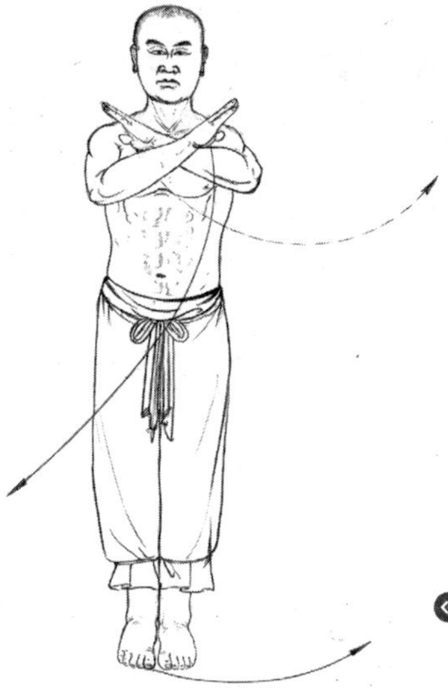

图6–95

图6–96

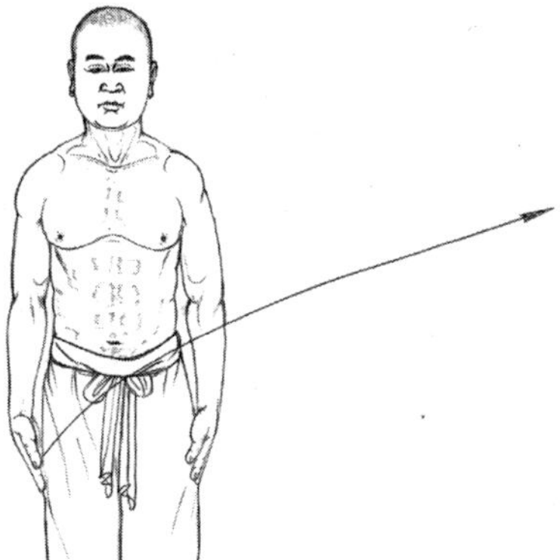

图6–97

5. 身体左转，左脚向前进步，屈膝成左弓步；同时，左掌置于左肋侧，掌心向上；右掌向前上方推出，坐腕立掌，掌尖向上，约与额平。目视右掌。（图6–98）

6. 上体向前深俯，两掌按地于左脚前方，两臂伸直，背部略平。抬头，目视前下方。（图6–99）

7. 上体直立，成左弓步；同时，右掌收于腰间，掌心向上；左掌向前方推出，掌心向前，掌尖向上，约与额平。目视左掌。（图6–100）

图6–98

图6–99

图6–100

8. 上体向前深俯，两掌按地于左脚前方，两臂伸直，背部略平。抬头，目视前下方。（图6–101）

9. 上体抬起，重心移在右腿，左腿收半步，脚尖点地，成左虚步；同时，左掌收抱于左腰间，掌心向上；右掌向前推出，坐腕立掌，掌心向前，掌尖向上，约与眼平。目视右掌。（图6–102）

10. 上体右后转，两脚摆扣，成右虚步；同时，右掌下撤，抱掌于腰间；左掌向前推出，坐腕立掌，掌心向前，掌尖向上，约与额平。目视左掌。（图6–103）

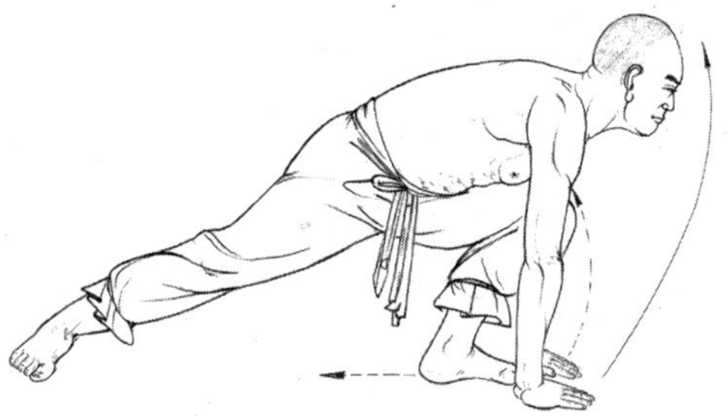

图6–101

图6–102

图6–103

11. 向右转身，右腿向后上方提伸，脚尖向后，约与左膝平，上体稍前倾；同时，左掌变拳，落于右腰侧，拳面向外；右掌向左肩前提举，掌尖向上，约与耳平，掌心向左。目视右后方。（图6–104）

12. 向右后方转体，右脚落地，左脚外踝，两脚并步，正身站立；同时，两手成掌，垂于体侧。目视前方。（图6–105）

13. 接做对侧动作，练法相同，姿势相反。

左右互换，各练6遍。

图6–104

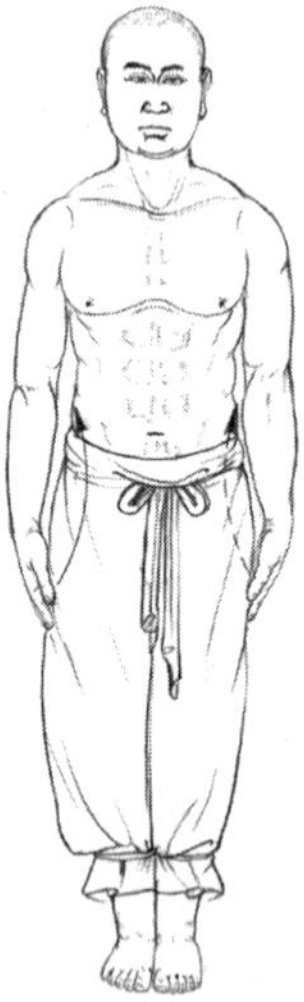

图6–105

十六

第十六手　罗汉推窗式

【练法分解】

1. 两掌握拳，收抱于腰间。目视前方。（图6–106）

2. 左脚前上一步，成左弓步；同时，两拳变掌向前上方推出，掌心向前，掌尖向上，腕高过肩。（图6–107）

3. 左脚后退，两脚并步，正身站立；同时，两掌握拳，收抱腰间，拳心向上。（图6–108）

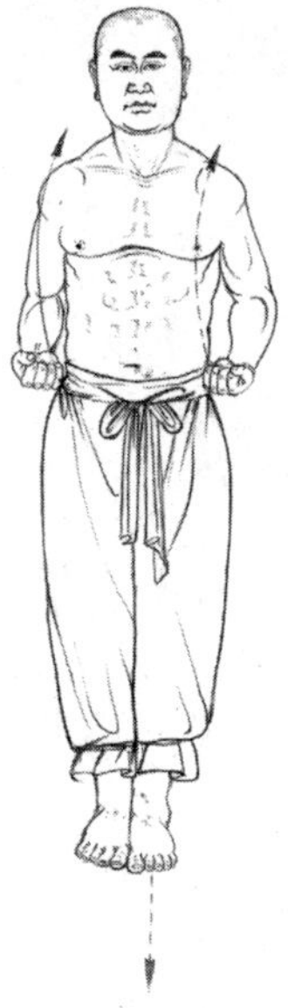

图6-106

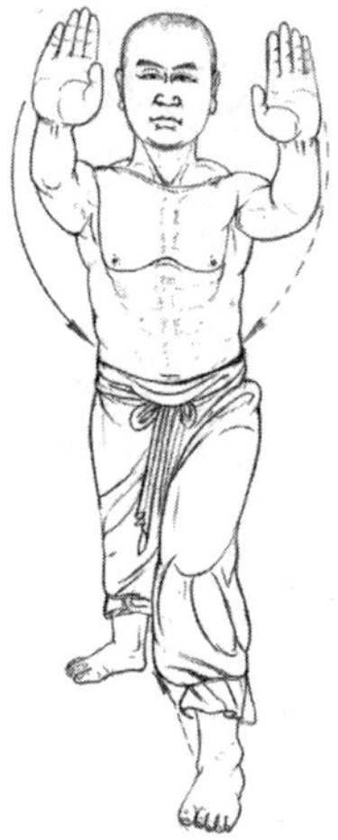

图6-107

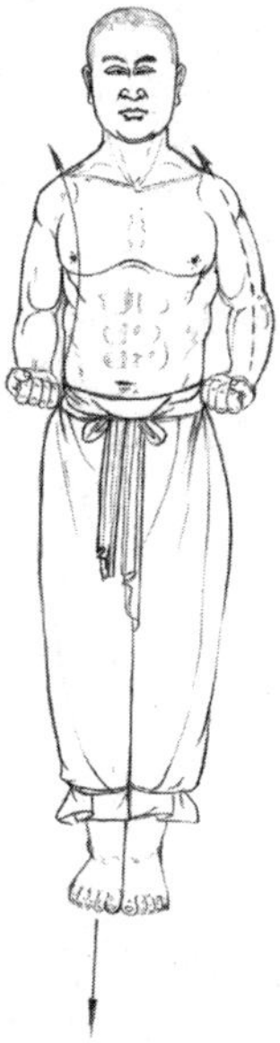

图6-108

4. 右脚前上一步，成右弓步；同时，两拳变掌向前上方推出，掌尖向上，腕高过肩。（图6-109）

5. 右脚后退，两脚并步，正身站立；同时，两掌握拳，收抱于腰间，拳心向上。（图6-110）

按上述动作，左右互换，各练6遍。

6. 然后，两拳变掌，垂于体侧。目视前方。（图6-111）

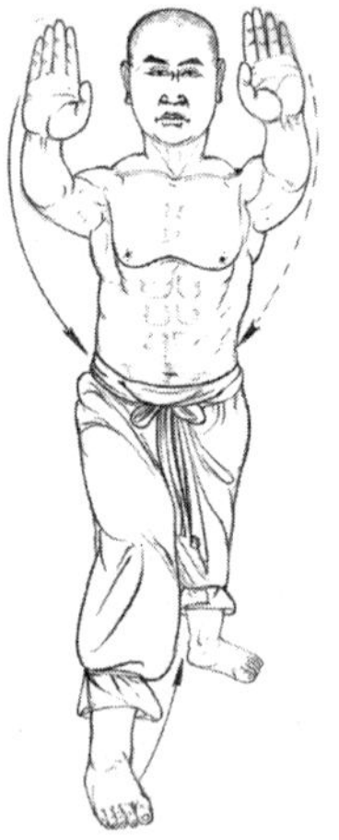

图6-109

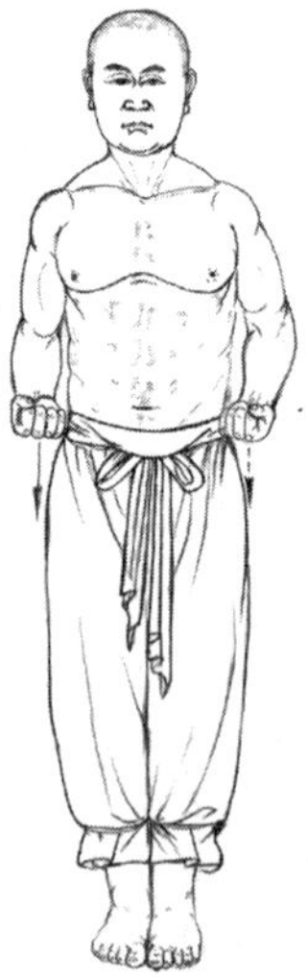

图6-110

图6-111

十七

第十七手　罗汉探海式

【练法分解】

1. 左脚向左侧横开一步，两脚间距宽于肩，成大开步；同时，两手上提于右肩前，右手握臂向上，拳心向里；左手握住右腕，以助其力；上体直立，不可前俯后仰。目视右拳。（图6-112）

2. 右脚向右开步，成右弓步；同时，上体右转前俯，右拳向前斜下方冲出，至拳面近地时停止，右臂伸直；左手仍握右腕。目视右拳。（图6-113）

3. 右脚收回，上体左转，两脚并步直立；两手变掌，垂于体侧。（图6-114）

4. 接做左式动作。左式动作与右式动作相同，方向相反。

左右互换练习，各做6遍。

图6-112

图6-113

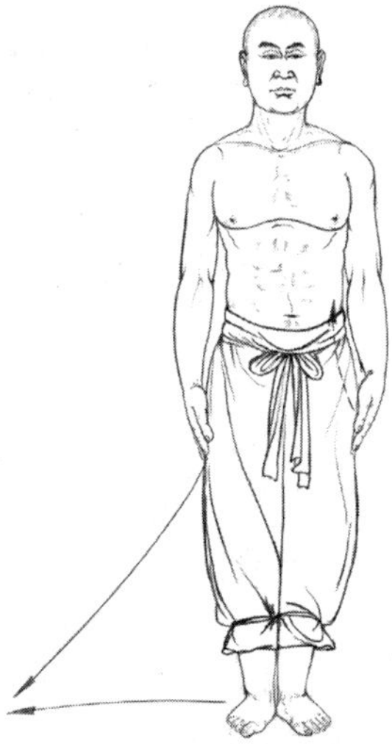

图6-114

十八

第十八手　罗汉入禅式

【练法分解】

1. 右腿向右跨出一步，左腿屈膝，右腿伸直，成右高仆步；同时，左掌握拳，抱于左腰侧，拳心向上；右掌向右脚前伸出，掌尖向前，掌心向下。目视右掌。（图6–115）

2. 右脚尖翘起，身向下坐；右手攀住右前脚掌，向后拉伸。（图6–116）

3. 立身而起，右脚内收，成大开步；同时，右手松开，两拳变掌，一起垂于体侧。（图6–117）

图6–115

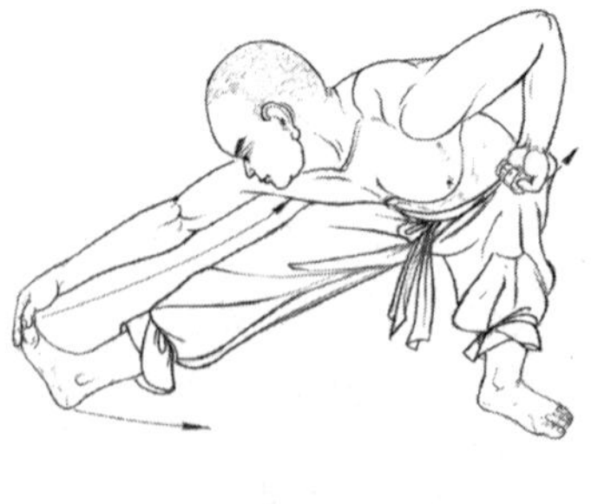

图6–116

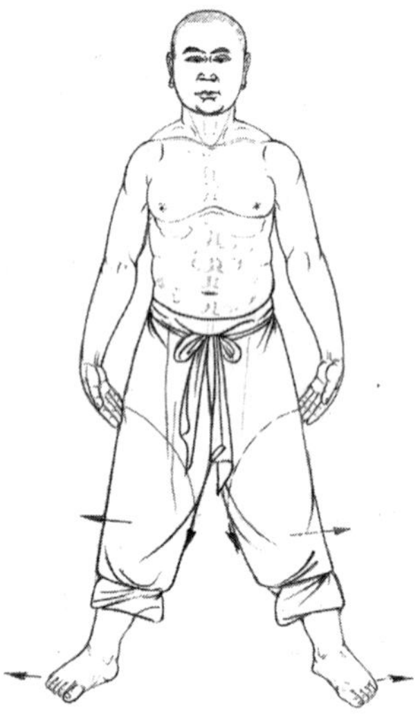

图6–117

4. 两脚外展，两腿屈蹲，成马步；同时，两手于两膝下用力攀拉两膝弯。目视前方。（图6–118）

5. 伸腿立身，两掌垂于体侧。（图6–119）

6. 接练左式。左式动作与右式动作相同，方向相反。

左右交替，各练6遍。

7. 最后，右脚里收，并步正立；两掌贴身，两臂下垂；全身放松，调匀呼吸。本功收式。（图6–120）

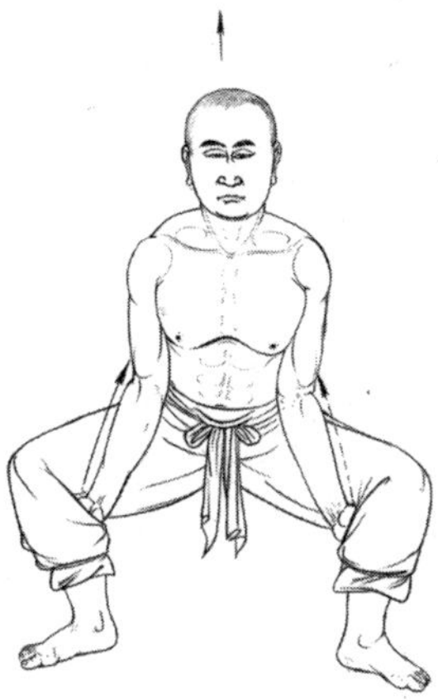

图6–118

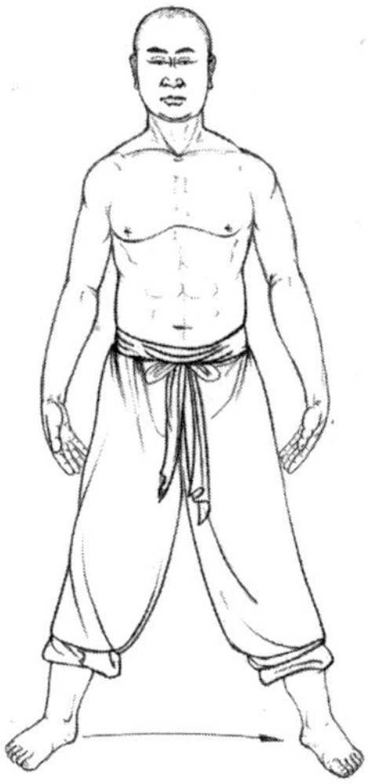

图6–119

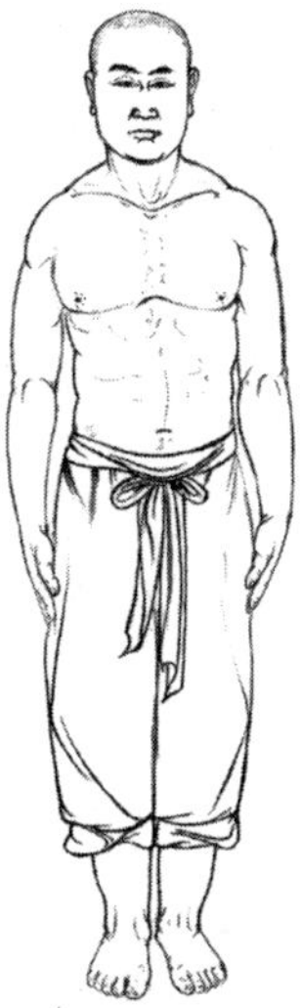

图6–120